VOYAGE EN SAVOIE

ET

DANS LE MIDI DE LA FRANCE.

VOYAGE EN SAVOIE

ET

DANS LE MIDI DE LA FRANCE,

EN 1084 ET 1805.

> Le voyager me semble un exercice profitable ; l'âme y acquiert une continuelle exercitation à remarquer des choses incognues et nouvelles.
>
> (*Essais de* MONTAIGNE.)

A PARIS,

CHEZ GIGUET ET MICHAUD, IMPRIM.-LIBRAIRES,

RUE DES BONS-ENFANTS, N°. 34.

M. DCCC. VII.

VOYAGE EN SAVOIE

ET

DANS LE MIDI DE LA FRANCE,

EN 1804 ET 1805.

SENS.—AUTUN.

Ce fut le 16 avril 1804, que nous quittâmes Paris avec le projet de visiter une partie de l'Europe. A peine commencions-nous à sortir de la tristesse où de pénibles adieux nous avaient plongés, nous étions déjà dans la forêt de Senart, jadis l'effroi des voyageurs, qui la parcourent aujourd'hui sans danger. Le hameau de Lieursaint nous rappela la partie de chasse de Henri IV, et la bonté paternelle du plus valeureux de nos rois. Nous déjeûnâmes à Melun, patrie d'Amyot, traducteur de Plutarque, et son rival de gloire. Quelques heures après, nous parvînmes au sommet d'une colline d'où nous découvrîmes à la fois les bords délicieux de la Seine et de l'Yonne, la ville de Montereau et ce pont fameux dans l'histoire par la mort tragique de Jean-Sans-Peur, duc de Bourgogne. Nous jouîmes ensuite, jusqu'à Sens, de l'aspect d'une fertile campagne.

Sens, situé au confluent de l'Yonne et de la Vanne, n'est pas une jolie ville. Les rues en sont étroites, la plupart des maisons bâties en terre et en bois, avec des encadrements de brique aux portes et aux fenêtres. On admire dans la cathédrale, dédiée à Saint Etienne, les vitraux peints par Cousin. Le génie de la révolution, qui a précipité du trône sur l'échafaud l'infortuné Louis XVI, n'a point respecté les cendres du dauphin et de la dauphine. Leur mausolée, enlevé du chœur, est relégué dans le fond d'une chapelle.

Nous suivîmes, au-delà de Sens, une riche vallée baignée par l'Yonne, qu'on perd et qu'on retrouve de temps en temps. Joigny, Auxerre, disposés en amphithéâtre sur des côteaux, le long desquels elle serpente, sont trop connus pour que je m'amuse à les décrire.

Près de Vermanton, gros bourg entouré de monticules qui ont la forme de cônes tronqués, passe la rivière de Cure. C'est là qu'on arrête et qu'on retire le bois de chauffage qu'on y jette *à flot perdu* dans le Morvan : on en construit des trains qui descendent à Paris par l'Yonne et la Seine.

Nous couchâmes à Lucy-le-Bois, et le lendemain, avant de nous remettre en route, nous y entendîmes la grand'messe; c'était le dernier jour du jubilé. Nous vîmes approcher de la table sainte, avec un air modeste et recueilli, la vieillesse et l'adolescence : quel spectacle, après quinze ans de fureur et d'impiété !

Le reste de la journée nous offrit peu de chose. Nous ne fîmes qu'entrevoir Avalon, sur la Cousine, petite place qui, en 1007, coûta trois mois de siège au roi Robert, et le village de Chissey, enfoncé dans une gorge étroite où roule le Souternin, et que bordent, pendant plus de deux lieues, des collines doucement arrondies.

Nous arrivâmes le 18 à Autun. Cette ville, auprès de laquelle coule la rivière d'Arroux, fut jadis, sous le nom de Bibracte, la capitale des Eduens, le premier peuple de la Gaule, avant que César l'eût asservie. Elle renfermoit un grand nombre de monuments curieux ; le peu qui en reste a éprouvé tant de dégradations, qu'on devine avec peine aujourd'hui quelle en étoit la destination. Tel est, sur le bord de l'Arroux, un édifice carré qu'on appelle le Temple de Janus. Il n'en subsiste plus que deux côtés, percés de différentes ouvertures, avec des niches dans les intervalles. Ils ont environ sept pieds d'épaisseur, et soixante-dix-huit de hauteur. Les deux autres sont détruits jusqu'au niveau du sol.

La porte d'Arroux, construite sans ciment et surmontée d'arcades, passe pour un ouvrage des Romains. Plus loin, sont quelques vestiges des remparts de l'ancienne cité.

On voit au hameau voisin de Couar, une espèce de pyramide circulaire, bâtie en petites pierres bien cimentées, et dont la pointe se termine en boule. Elle peut avoir cinquante pieds de diamètre à sa base, et autant d'élévation. Le temps l'a fort endommagée. On la regarde comme le tombeau d'un personnage illustre.

Tout auprès est le champ *des Urnes*, ainsi

nommé de la grande quantité de monuments funéraires qu'on y a trouvés.

Il existe encore aux environs un faible reste d'amphithéâtre; mais l'herbe recouvre les gradins, l'arène et les loges des bêtes féroces.

Après avoir erré quelque temps dans cette campagne abandonnée, je tournai mes pas vers les demeures des hommes, et je passai des ruines de l'antique Bibracte aux habitations de la moderne Autun. Ici ma curiosité fut bientôt satisfaite, mes yeux seuls étaient occupés. Je visitai à la hâte la chapelle du collège des Jésuites, la cathédrale dont le chœur, en forme de demi-cercle, est orné de colonnes de marbre. Je parcourus rapidement les places, les promenades, et je m'empressai de me soustraire au vain bruit des vivants, pour retourner entendre le silence éloquent des morts.

CHALONS-SUR-SAONE. — MACON. — ARRIVÉE A LYON. — PLACE DE BELLECOUR.

En sortant d'Autun, nous tournâmes, pendant une heure, entre des monticules uniformes élevés, comme par degrés, les uns au-dessus des autres, et dont la nudité n'est recouverte que par des bois chétifs et rabougris. Ce triste aspect fit bientôt place à une perspective plus riche et plus variée : nous aperçûmes ces côteaux fertiles en vins exquis, délices des disciples de Bacchus, et richesse de la Bourgogne. A Saint-Léger, nous rencontrâmes le canal de Charolois, autre source de sa prospérité ; et le soir, nous le retrouvâmes en entrant dans Châlons.

La position de cette ville sur une rivière

commerçante, avec un quai bordé de belles maisons, et un pont orné de pyramides quadrangulaires, est très agréable. Aucune plaine n'égale en fertilité celles qui l'environnent; la terre, complaisante et féconde, y prête son sein à toutes les cultures; et, par une illusion dont on a peine à se défendre, on se croit transporté dans les campagnes privilégiées d'Éden.

Ce magnifique paysage nous accompagna jusqu'à Mâcon. Nous vîmes sur notre route la petite ville de Tournus, qui a donné le jour à l'immortel Greuze, le créateur du drame dans la peinture, et l'égal des plus grands peintres d'histoire par l'ordonnance et le pathétique de ses compositions.

On commence à remarquer, près de Tournus, un changement sensible dans le langage et dans l'habillement. Déjà le français est défiguré par un patois presqu'inintelligible; les femmes du peuple portent une juppe d'étoffe grossière, ordinairement bleue, avec un corset pareil, bigarré de plusieurs bandes de drap ou de velours autour des coudes, des épaules et derrière le dos. Une collerette bien plissée, en linge fin ou en dentelle, leur tient lieu de fichu; leur bonnet est surmonté d'un petit chapeau rond de feutre noir, avec une rosette; et, le long de leurs oreilles, tombent, en forme de pendants, des nœuds de rubans.

Mâcon s'étend sur la pente d'une colline qui descend jusqu'à la Saône, rivière majestueuse et si tranquille, qu'il faut un peu d'attention pour distinguer de quel côté elle coule (1). Un large quai embellit ses rives; et, du milieu du pont qui la traverse, s'élève

---

(1) Flumen est arar, quod per fines Eduorum et sequanorum in Rhodanum influit incredibili lenitate, ità ut oculis, in utram partem fluat, judicari non possit.

(Cæsaris, Comm., lib. 1).

une petite pyramide, ancienne limite de la Bresse et du Mâconnais. Une avenue nouvellement plantée conduit à l'hôpital de la Charité, édifice décoré d'un dôme. Le reste de la ville ne présente que de vilaines rues et de vilaines maisons.

Depuis Paris, la pluie, le froid et la neige avoient attristé notre voyage. Pendant notre séjour à Mâcon, la température changea tout à coup. Le jour que nous en partîmes, le ciel étoit pur et sans nuage; le soleil répandoit sur les champs une lumière douce et créatrice. Nous fûmes frappés des rapides progrès de la végétation; mille fleurs récemment écloses émailloient les prairies; les épis de seigle sortoient de leur verte enveloppe; le deuil des arbres avoit disparu sous un tendre feuillage; l'alouette s'élançoit vers les cieux, en chantant le retour de la belle saison : je regardois, j'écoutois, et de toutes parts je recevois d'agréables sensations.

Une scène immense étoit ouverte devant nous; de vastes plaines enrichies des trésors de Cérès et du dieu des vendanges, des prairies verdoyantes, de jolis bosquets, une foule de villages à travers lesquels la Saône promenoit paisiblement l'abondance de ses eaux. D'un côté, l'horizon n'avoit pour bornes que la voûte du firmament; de l'autre, les hautes cimes des monts Jura, encore chargées de neige, formoient la bordure de cet incomparable tableau.

Villefranche nous en fit oublier un moment les beautés. En parcourant sa seule et longue rue, nous vîmes, dans l'espace d'un quart-d'heure, plus de jolis visages que nous n'en avions rencontré depuis huit jours.

Nous passâmes ensuite à Saint-Georges-de-Renand: c'étoit la fête du village; tous les habitants la célébroient à l'envi. La jeunesse couroit vers la place, ombragée d'ormeaux, où retentissoit le son joyeux des instruments; les vieillards la suivoient à pas lents, le sourire sur les lèvres, et sembloient retrouver dans le bonheur de leurs enfants le sentiment de leurs plaisirs passés. Les jeunes filles excitoient et partageoient l'allégresse générale, et le mouvement de la danse donnoit à leur physionomie une expression ravissante.

Nous nous éloignâmes à regret de ce riant spectacle; et l'impression qu'il fit sur nous n'étoit pas encore effacée, quand la nuit nous força de nous arrêter à Anse, gros bourg sur l'Azergue, qui se jette, un peu au-dessous, dans la Saône.

Presqu'en face de son embouchure, est situé Trévoux, connu par le Dictionnaire français et par le Journal des sciences et des arts qui en portent le nom.

Le jour suivant, nous poursuivîmes notre route sans rien observer d'intéressant. Une mélancolie profonde succéda dans notre âme aux délicieuses émotions de la veille. Nous approchions de Lyon ; nous allions voir cette illustre cité, naguères l'objet de l'envie et de l'admiration, maintenant celui de l'intérêt et de la pitié de toute l'Europe ; nous allions voir des ruines qui ne sont pas l'ouvrage du temps, mais des hommes, si l'on doit le nom d'hommes à des monstres altérés d'or et de sang. Au milieu de ces tristes réflexions, nous arrivons dans une large avenue qui se termine au faubourg de Vaize. En côtoyant la Saône, nos yeux cherchent en vain cet ancien quartier de Bourgneuf, de plus de quatre cents toises de long, et ce demi-cercle de murailles bâties par Charles-le-Sage. Nous passons sous le rocher qui servoit d'assiette au château de Pierre Scize ; la ville se découvre successivement à nos regards. Nous traversons le pont de pierre construit sur la Saône dans le onzième siècle, et nous allons descendre à l'hôtel de l'Europe.

Vis-à-vis est la place de Bellecour. Aussitôt que nous eûmes pris quelques rafraîchissements, nous sortîmes pour nous y promener. Nous errâmes çà et là, sans voir autre chose que des monceaux de décombres. Je m'éloignai de mes compagnons, et me retirant sous une allée solitaire de tilleuls, je m'assis sur un banc. Voilà donc, me dis-je à moi-même, cette place jadis si admirée et si digne de l'être! Qu'est devenue cette superbe statue équestre de Louis-le-Grand? Où sont ces beaux groupes de la Saône et du Rhône, dont le génie des Coustou avoit embelli son piédestal? ces jets d'eau combinés avec grâce, dont la main habile de Chabry avoit sculpté les ornements, et ces compartiments de gazon si doux, si agréables à l'œil? Quoi! la fureur du pauvre armé contre le riche, hélas! et contre lui-même, n'a rien épargné? Ces vastes édifices bâtis aux deux extrémités de la place, sur des dessins uniformes, le marteau révolutionnaire les a frappés; ils ne sont plus. Accablé de ces douloureuses pensées, je rejoignis mes compagnons, et nous rentrâmes dans notre hôtel.

ORIGINE, SITUATION ET COMMERCE DE LYON.

Lyon, déchu de son ancienne prospérité, et privé de ses meilleurs citoyens, offre au philosophe sensible une ample matière de réflexions et le sujet d'une inépuisable mélancolie. Quel tableau à la fois attendrissant et instructif, que celui d'une ville immense qui renferme dans son sein les monuments détruits de sa gloire et de sa félicité! Mais combien les impressions qu'il excite acquièrent plus de force, lorsqu'on les reçoit des objets mêmes, et qu'on pleure à la source des larmes! Je vous ai vu couchés par terre, chefs-d'œuvre du génie qu'une fureur barbare a renversés. Rues dévastées et solitaires, nombreux quartiers disparus sous le fer ou dans les flammes, j'ai erré parmi vos débris, le cœur serré et les yeux humides. Mon âme s'est ouverte tour à tour au sentiment d'une tendre pitié pour les victimes, d'une juste indignation pour les bourreaux..... Mais détournons un moment nos regards du spectacle qui nous environne, et reportons-les sur le berceau de cette ville infortunée.

L'opinion la plus générale attribue la fondation de Lyon à L. Munatius Plancus, lieutenant de César, l'an de Rome 711 (quarante-un avant l'ère chrétienne). Ses rapides accroissements lui méritèrent bientôt le titre de métropole des Gaules. Auguste se plut à l'enrichir de ses largesses, et la reconnoissance de soixante nations lui érigea un autel au confluent du Rhône et de la Saône. Claude, né dans son sein, ouvrit à ses habitants l'entrée du sénat. Cette grandeur fut de courte durée : un affreux incendie consuma la ville out entière, et, suivant l'expression énergique de Sénèque, *una nox interfuit inter maximam urbem et nullam.*

Néron, attendri, plaignit son malheur et releva ses murs. Ses successeurs continuèrent à l'honorer de leur affection, et les règnes d'Adrien et d'Antonin furent une lutte touchante de bienfaits et d'amour entre les souverains et les sujets.

Cependant une grande révolution changeoit la face du globe; les ténèbres du paganisme s'évanouissoient de toutes parts devant l'éclat victorieux d'une religion divine. Ce nouvel ordre de choses ne pouvoit s'opérer sans de violentes secousses. Les persécutions signalèrent partout l'établissement du christianisme. A Lyon elles furent terribles : Saint Photin, Saint Irénée et dix-neuf mille de leurs disciples périrent martyrs de la foi. L'empereur Sévère fit ravager la ville par ses troupes. Ce ne fut que dans le quatrième siècle qu'elle sortit de ses ruines, et que l'église obtint la paix et la liberté des consciences.

L'empire romain s'avançoit à grands pas vers sa chute; il succomba sous les coups des barbares conquérants du Nord. Lyon, d'abord envahi par les rois de Bourgogne, auxquels succédèrent les rois francs, subit ensuite le joug de divers maîtres, princes, comtes, archevêques. Dans le huitième siècle, les Sarrazins s'en emparèrent, en renversèrent tous les édifices (1), et passèrent au fil de l'épée la plupart de ses habitants. Je me hâte de traverser cette épaisse nuit d'ignorance et de barbarie, où le fil incertain de

---

(1) On doit attribuer à ces ravages successifs l'absence presque totale d'antiquités dans une ville qui a tenu, sous la domination romaine, un rang si distingué. Excepté les restes de l'aqueduc de M. Antoine, un Taurobole parfaitement conservé, et les colonnes qui figurent aujourd'hui dans l'église d'Aisnai, on ne trouve ailleurs que d'informes débris.

l'histoire est trop souvent trempé dans le sang.

Philippe-le-Bel réunit la ville de Lyon à la couronne de France; elle n'en a point été séparée depuis. Le dévoûment des Lyonnois à leurs légitimes souverains ne s'est jamais démenti. Séduits un instant par la fatale erreur de la ligue, ils ne tardèrent pas à rentrer dans le devoir; et leur repentir fut accompagné de marques si sincères, que Henri IV déclara, dans un édit solennel, qu'il n'avoit pas de plus fidèles soldats, ni l'état de meilleurs citoyens.

Cet amour pour le sang de leurs maîtres n'étoit pas en eux l'effet d'un aveugle enthousiasme; le sentiment éclairé de la reconnoissance en nourrissoit le feu sacré dans leurs cœurs. Lyon, l'objet constant de l'intérêt du gouvernement, avoit conservé par une faveur particulière, ses anciennes institutions. Sa prospérité même étoit l'ouvrage d'un de nos rois. François premier, qui eut la gloire avec Léon X, de donner son nom à l'une des quatre grandes époques qui partagent l'histoire du monde, prit ses fabriques sous sa protection spéciale, et c'est à dater de son règne qu'elles commencèrent à devenir florissantes.

Cette ville doit à sa position un avantage unique pour le commerce. Placée au centre de grandes routes qui correspondent à l'Allemagne, à l'Italie, à l'Espagne, elle voit couler sous ses murs un fleuve impétueux qui porte à la Méditerranée le tribut de ses richesses, et dans son sein une tranquille rivière, dont les eaux, douées d'une vertu singulière pour la teinture de la soie, lui ouvrent, par les canaux du Charollois et de Briare, des communications avec Paris et l'Océan.

Lyon, inégalement divisé par la Saône, et bâti en partie sur plusieurs collines, en partie sur un terrain uni, présente, le long du Rhône, une façade presque régulière, ornée d'un quai d'une demi-lieue d'étendue. Au-delà du fleuve se déploie la plaine des Brotteaux. Deux ponts y aboutissent; le premier, qui touche au faubourg de la Guillotière, en prend le nom; le second, jeté six cents toises plus haut, porte celui de l'architecte Morand. La chaussée, construite par Perrache, qui osa reculer de plus d'un mille le confluent de la Saône et du Rhône, forme une magnifique avenue plantée de peupliers, et terminée par le pont de la Mulatière.

Sans sortir de la ville, on jouit pour ainsi dire des agréments de la campagne. Quelle variété de sites pittoresques, de perspectives délicieuses! Ici la vue se repose sur de riants côteaux, couverts de vignes, de jardins, de maisons de plaisance; là elle s'égare dans des plaines fertiles, semées de prairies et de moissons; d'un autre côté elle découvre, aux confins de l'horizon, les cimes glacées des Alpes, semblables à des nuages blanchâtres. La beauté du ciel répond à celle du paysage. Le climat, pour l'ordinaire doux et tempéré, est également exempt des longs hivers du nord, et des chaleurs brûlantes du midi de la France.

Ainsi comblés de toutes les faveurs de la nature, les Lyonnois cultivoient les arts avec une heureuse émulation. Les deux hémisphères se paroient à l'envi des produits de leurs manufactures, où l'or, l'argent et la soie unis ensemble par un merveilleux tissu, se métamorphosoient en étoffes précieuses, dont les savants dessins imitaient les chefs-d'œuvre de Zeuxis et d'Apelles. Leur industrie sembloit être inhérente au sol qu'ils habitoient ; nos voisins en ont fait plus d'une fois l'expérience. Quelques ouvriers, séduits par des offres avantageuses, quittèrent nos fabriques pour passer dans les leurs ; mais, à peine transportés sous un ciel étranger, ils y perdoient leur génie, et devenoient inférieurs à eux-mêmes.

Depuis sa réunion à la couronne de France, Lyon contribua plus qu'aucune autre cité du royaume, à la gloire et à la prospérité nationales.

Mon dessein n'est point de raconter l'histoire des évènements à jamais déplorables dont il a été la victime. Ah! loin de nous replonger dans les abymes du passé, tâchons plutôt d'en rappeler notre pensée.... N'est-on pas sûr de trouver des regrets partout où l'on cherche des souvenirs?.... Et quelle ville en réveilla jamais de plus cruels que Lyon!.....

Déjà nous avons fait connoître son origine et sa situation; il nous reste à donner une idée de ses manufactures et de ses établissements publics.

Toute l'Europe a retenti du coup funeste que le commerce reçut dans ses murs; et l'on doit moins s'étonner de l'état de faiblesse où il languit aujourd'hui, que de ses courageux efforts pour sortir d'un entier anéantissement. Les obstacles nés de la révolution et de la guerre, ne sont pas les seuls qu'il ait à vaincre. Avant cette époque de désastres où toutes les branches de l'industrie lyonnoise furent détruites à la fois, l'inconstance de la mode avoit déjà porté une atteinte sensible à la plus importante, à celle qui, dans des temps plus heureux, nourrissoit soixante mille ouvriers; je veux parler des manufactures de soie, d'étoffes brochées, de gaze et de crêpe. Dès 1788, on y remarquoit des symptômes affligeants de décadence : sur quinze mille métiers, il y en avait plus de cinq mille oisifs. Ce décroissement étoit l'effet du goût général des femmes pour les mousselines et les linons; de l'habitude contractée par les hommes de porter, dans toutes les saisons, du drap et du bazin, au lieu de satin et de velours ; enfin, de l'usage de la tapisserie pour les meubles, et du papier peint pour la tenture des appartements.

Les manufactures de soie se sont relevées en partie; mais elles ont besoin, pour prospérer, du retour de la paix, du rétablissement des communications avec le nord de l'Europe, avec le Levant, avec l'Amérique méridionale, et surtout d'un changement de mode en France.

La passementerie, le tirage d'or, la broderie, s'éclipsèrent presque totalement avec l'éclat des grandes fortunes et le luxe des cérémonies religieuses. La broderie, qui occupoit autrefois six mille femmes, n'en occupe pas à présent six cents. Que n'existe-t-il un moyen de faire refleurir cet art ingénieux ! Il convient si bien à la délicatesse et au goût du sexe !

La chapellerie et la corroierie ont éprouvé aussi un extrême dépérissement ; mais elles répareront leurs pertes avec plus de facilité, lorsque la paix aura rétabli la liberté des relations commerciales sur le continent et sur les mers.

La librairie, qui s'adonnoit de préférence aux livres d'église, aux ouvrages de théologie et de jurisprudence, est tombée avec eux. Il faut, pour rappeler la fortune, qu'elle change de spéculations.

Outre ces branches d'industrie qui fleurissoient depuis long-temps à Lyon, cette ville en renferme beaucoup d'autres moins lucratives, telles que les verreries d'Aisnai et de Perrache, la fabrique de vitriol du faubourg de la Guillotière, des filatures de coton, et plusieurs manufactures de papiers peints. Sans en avoir aucune dont le fer soit la matière première, elle fait un grand commerce de ce métal. Elle reçoit à peu de frais celui des départements du Jura, du Doubs, de la Haute-Saône, de la Côte-d'Or, des deux Marnes, et le distribue aux innombrables fabriques du département de la Loire, ou l'envoie éconiquement par le Rhône dans le midi de la France.

Après avoir ainsi considéré les sources de l'ancienne opulence de Lyon, nous résolûmes de visiter les monuments publics les plus intéressants de cette vaste cité. Pour remplir ce but, il falloit en parcourir les différents quartiers. Nous commençâmes par celui d'Aisnai, dans lequel existoient jadis le temple dédié à Auguste, et le collège célèbre sous le nom d'Athénée. C'est là qu'un monstre dont l'extravagance égaloit la cruauté, Caligula, établit ces concours littéraires où l'auteur jugé indigne du prix qu'il proposoit, étoit condamné à effacer son ouvrage avec sa langue, ou à être battu de verges, et quelquefois même précipité dans le Rhône (1).

---

(1) Palleat ut nudis pressit qui calcibus anguem
   Aut lugdunensem rhetor dicturus ad aram.
               (Juv., Sat. 1).

Les quatre colonnes de granit qui soutiennent le dôme de l'église moderne, sont un débris de l'ancien temple. Dans l'origine, elles n'en faisoient que deux, et placées aux côtés de l'autel, elles supportoient chacune une statue colossale de bronze.

A l'extrémité du quartier d'Aisnai, nous tournâmes sur la gauche, et nous suivîmes la levée Perrache jusqu'au pont de la Mulatière, jeté sur la Saône près de l'endroit où elle se confond avec le Rhône. Nous gagnâmes ensuite les hauteurs de Sainte-Foi, qui produisent des vins estimés, et nous allâmes dîner à Fontanière, colline ainsi nommée de la multitude de sources qui coulent de son sein. Nous y fûmes reçus par un homme (1) plein de bonhomie et de cordialité, avec lequel nous avions fait depuis peu connoissance. Il joint aux dons de la fortune le rare

---

(1) M. Saget.

talent d'en bien user. Sa table est toujours ouverte à ses amis, et particulièrement aux pauvres chanoines de Lyon, qui l'appellent leur doyen. Ils pourroient l'appeler leur père, puisqu'il leur en tient lieu.

Aussitôt que nous eûmes réparé nos forces, nous poursuivîmes notre promenade, et nous montâmes à Notre-Dame de Fourvières, chapelle construite des débris d'un édifice élevé par Trajan, et à laquelle les Lyonnois ont une grande dévotion. Auprès est une plate-forme d'où l'œil embrasse toute l'étendue de la ville, la Saône qui la traverse, le Rhône qui l'entoure du côté de l'est, la montagne de Saint-Sébastien qui l'abrite des vents du nord, celle des Chartreux qui la borne à l'ouest, et les plaines de la Bresse et du Dauphiné, dont les confins se perdent dans l'horizon.

Le poète Sénèque a rendu une partie de ce tableau dans les vers suivants :

Vidi duobus imminens fluviis jugum,
Quod phœbus ortu semper obverso videt,
Ubi Rhodanus ingens, amne prærapido fluit,
Ararque dubitans quò suos cursus agat
Tacitus quietis alluit ripas vadis.

De ce mont qui domine une double rivière,
Et que dès son lever l'astre du jour éclaire,
J'ai vu le Rhône enflé du tribut des torrents,
Précipiter le cours de ses flots écumants,
Et la Saône, incertaine où conduire son onde,
S'endormir en son lit dans une paix profonde.

Nous descendîmes de Fourvières au couvent de la Visitation, surnommé l'Antiquaille. L'ancien palais sur les ruines duquel il est bâti, servit de demeure aux empereurs romains, aux préfets du prétoire, et fut le berceau de ce Germanicus dont la mort prématurée fit répandre tant de larmes.

Nous rentrâmes dans la ville par le quartier Saint-Jean, où nous vîmes le beau portail de la cathédrale. L'intérieur, dépouillé de tout ornement, ne nous offrit rien de curieux que cette horloge renommée pour l'ingénieuse multiplicité de ses ressorts et l'étonnante variété de ses usages, mais dont le mouvement est arrêté depuis plusieurs années.

Le pont de l'archevêché, abattu pendant le siège, n'étant pas encore relevé, nous passâmes la Saône un peu plus loin, sur un joli pont de bois nouvellement construit, et nous dirigeâmes nos pas vers Saint-Nizier, dont la façade refaite sous François premier, fut exécutée en partie sur les dessins de Philibert Delorme. L'origine de cette église remonte aux premiers siècles du christianisme. On voit encore sous le pavé du sanctuaire une chapelle où l'on prétend que Saint Photin assemblait les fidèles dans le temps des persécutions.

De Saint-Nizier, nous nous rendîmes à la place des Terreaux, la plus belle de Lyon, depuis que l'infâme Couthon couvrit de décombres celle de Bellecour. L'hôtel de ville, édifice isolé entre quatre rues, l'un des plus réguliers et des plus magnifiques de l'Europe, en fait la principale décoration. On retrouve dans le vestibule, qui est un portique à la romaine, les figures emblématiques de la Saône et du Rhône, enlevées du piédestal de la statue de Louis-le-Grand. En face de l'hôtel de ville, du côté opposé à la place des Terreaux, se trouve la Comédie. Nous y entrâmes pour finir la journée. La salle, ouvrage du célèbre Souflot, nous parut très agréable. Nous fûmes moins contents des acteurs : ils donnoient *Misantropie et Repentir*, qui ne faisoit plus verser de larmes à personne. L'ennui que nous causoient et leur jeu et la pièce, nous laissa le loisir de promener nos regards sur les loges, où nous remarquâmes beaucoup de jolies femmes. La beauté est une fleur assez commune à Lyon;

mais elle passe vite. Heureusement les Lyonnoises ont d'autres qualités plus estimables qui lui survivent, de la douceur dans le caractère, de l'agrément dans l'esprit, et du goût pour les talents. Est-il besoin d'ajouter l'éloge des hommes à celui des femmes ? Qui ne connoît leur courage, leur loyauté, leur politesse ! On leur a reproché de l'ardeur pour le gain, sans réfléchir que le gain est le but nécessaire du commerçant, comme la gloire celui du guerrier. D'ailleurs, cette passion n'exclut pas en eux l'amour des beaux-arts, et s'allia dans tous les temps aux plus généreux sentiments d'humanité.

Les asiles ouverts à la douleur et à l'infortune, qui furent le premier objet de notre seconde promenade, nous en fournirent des preuves éclatantes. On en compte deux principaux, placés à peu de distance sur le quai du Rhône, l'hôpital de la Charité, fondé dans le seizième siècle, et l'Hôtel-Dieu, dès le sixième. Ils réunissent tous deux la magnificence à l'étendue et à la salubrité. Une commission composée de cinq membres les administre gratuitement, et des femmes, animées par de purs motifs de religion, y remplissent les pénibles fonctions de la charité avec un zèle évangélique.

On reçoit dans le premier les vieillards septuagénaires, les orphelins et les enfants de la *patrie*, c'est-à-dire ceux du libertinage.

Le second est destiné aux malades, aux femmes enceintes et aux fous. Il contient douze cent soixante-douze lits en fer; chaque individu a le sien. On distingue, on sépare les malades : ici sont les fièvres lentes, là les fièvres aiguës, plus loin les catarrhes, les fluxions de poitrine; ailleurs, d'autres genres de maux, et dans une même enceinte, toutes les misères, toutes les souffrances humaines.

La grande infirmerie, disposée en croix

grecque, a près de cent toises de long. Au milieu, sous un dôme de trente-six pieds de diamètre, est un autel isolé, de forme quarrée, et visible pour tous les malades. Quelle touchante et sublime idée, que de célébrer les saints mystères devant des malheureux, privés pour la plupart de parents, d'amis, condamnés à souffrir sans être plaints, et de faire descendre du ciel la Divinité elle-même pour les consoler, pour leur inspirer des sentiments de courage, de patience et de résignation!

L'hôpital de la Charité et l'Hôtel-Dieu jouissoient autrefois de revenus considérables, qui s'accroissoient encore tous les ans par des dons et par des legs. Le soin de les administrer était regardé comme un honneur, et celui de leur faire du bien comme un moyen de s'attirer les bénédictions célestes. Beaucoup de négociants, en formant une entreprise, les associoient pour une part déterminée aux futurs bénéfices de leurs spéculations. Quiconque faisoit un testament, ne manquoit guères d'y insérer une clause en leur faveur. On gravoit dans la chapelle de ces hospices les noms de leurs bienfaiteurs ; on y exposoit leurs images à la reconnoissance du pauvre et à la vénération générale. Des hommes ennemis de toute religion, de toute vertu, de tout sentiment moral, les en avoient enlevées ; l'autorité publique, redevenue la fidèle interprète de l'opinion et de la justice, s'est empressée de les y replacer. Cet hommage rendu aux amis de l'humanité, en même temps qu'il honore leur mémoire, doit produire des imitateurs de leurs pieuses largesses. La pitié pour le malheur n'est pas éteinte dans le cœur des Lyonnois, et elle réparera les pertes immenses des hôpitaux, dès que les progrès du commerce renaissant lui en donneront les moyens.

Nous passâmes de l'Hôtel-Dieu à la bibliothèque publique, située sur le même quai. Elle faisoit anciennement partie du collège des Jésuites. L'agrément de la vue s'y joint à la beauté du vaisseau : c'est une longue et spacieuse galerie qui donne sur le Rhône. On y trouve beaucoup de livres rares et de manuscrits curieux. Il y avoit à côté un superbe cabinet d'antiques et de médailles que la cupidité révolutionnaire a dévasté. Il faut attribuer à cette même fureur de brigandage et de destruction, la ruine de l'observatoire élevé par les soins des Jésuites, sous la direction du fameux Cassini.

Au sortir de la bibliothèque, le cours de nos recherches étant achevé, nous allâmes par le pont Morand aux Brotteaux, promenade plantée d'arbres encore jeunes. Nous nous assîmes sous leur naissant ombrage; mais le repos que nous espérions y goûter, fut bientôt troublé par d'affreux souvenirs.

C'est là qu'après le siège, Collot - d'Herbois établit le théâtre de ses sanglantes exécutions. Nous payâmes un juste tribut de regrets aux innombrables et généreuses victimes de sa férocité ; et croyant entendre leurs mânes plaintifs répondre à nos soupirs, nous nous écriâmes : « Héros malheureux, consolez-vous ; votre gloire est immortelle comme l'opprobre de votre assassin ! »

PONT-BEAUVOISIN. — MONTÉE DE LA CHAILLE. — LES ÉCHELLES. — PASSAGE DE LA GROTTE. — CHAMBÉRY.

Le 8 de mai nous quittâmes la ville de Lyon, et après avoir passé le pont du Rhône, nous entrâmes dans le département de l'Isère, qui comprend une partie de l'ancienne province du Dauphiné. Un terrain sableux, infertile, des mûriers le long de la route, des maisons bâties en *pizay* (1), une perspective bornée,

---

(1) Quoique la pierre soit commune et de bonne qualité dans le pays, on y construit la plupart des maisons en terre, ou, suivant l'expression usitée, en *pizay*. Le bas prix, la célérité de la construction, ont fait donner la préférence à cette manière de bâtir. Les fondations sont en maçonnerie ordinaire. On élève les murs par assises de trois pieds de

monotone, voilà tout ce qui s'offrit à nos yeux jusqu'à Bourgoing, où la petite rivière de Bourde nous fournit, pour dîner, de la truite, de l'anguille et de la carpe.

Au-delà de Bourgoing, le paysage prend un caractère plus varié ; ce sont des vallons, des côteaux fuyant l'un derrière l'autre, couverts de grains ou de vignes, et ombragés d'arbres de toute espèce. Nous vîmes en chemin le bourg de la Tour-du-Pin, antique domaine d'une maison illustre, et la petite ville du Pont-Beauvoisin. Le Guyer, rivière

---

hauteur sur six de longueur ; et pour cela, on se sert d'encaissements de cette dimension, formés avec des planches qui sont serrées par des moises, et que l'on rapproche ou l'on éloigne à volonté, suivant l'épaisseur qu'on veut donner au mur. On place la terre dans les encaissements par couches de demi-pied, que l'on bat avec la hie jusqu'à ce qu'elle résiste fortement. Le pizay, lorsqu'il est revêtu de mortier à l'extérieur, est aussi agréable que la maçonnerie.

peu considérable, mais sujette à des crues subites, la divise en deux parties, et formait autrefois la limite de la France et de la Savoie. On cultive dans les environs beaucoup de mûriers blancs destinés à la nourriture des vers à soie, objet de spéculation pour le pauvre comme pour le riche. Les vignes sont disposées en espalier, et ne donnent qu'une liqueur rouge fort médiocre, qui se consomme presque tout entière dans le pays.

Une demi-lieue après le Pont-Beauvoisin, nous atteignîmes les premières Alpes, et bientôt nous commençâmes à gravir l'âpre montée de la Chaille. Le chemin étroit, bordé d'un parapet, suit le cours sinueux du Guyer, qui retentit dans le creux d'une gorge obscure. Des deux côtés s'élèvent à une hauteur prodigieuse d'énormes rochers calcaires, pareils à des remparts réguliers. Les couches en sont placées horizontalement les unes au-dessus des autres, et si distinctes, qu'il est facile de les compter. On tourne pendant une heure dans cette espèce de labyrinthe, et l'on descend ensuite au fond d'un bassin entouré de montagnes hérissées de bois chétif et noirâtre. A leur pied s'étendent des terres labourées, quelques pâturages, et le bourg des Echelles, divisé en deux par le Guyer, comme le Pont-Beauvoisin.

La veille de notre passage, on y avoit essuyé, en terme du pays, un *sac d'eau*, c'est-à-dire une pluie si violente, qu'elle sembloit un déluge. Les torrents avoient inondé les prairies et ravagé une partie des moissons ; le ciel étoit encore orageux, et des nuages grisâtres rouloient sur les flancs des Alpes en immenses tourbillons de fumée.

Au-dessus du bourg des Echelles, nous aperçûmes dans le roc, à notre gauche, une haute et profonde ouverture qui était jadis, de ce côté, l'unique voie de communication entre la Savoie et la France. On lit auprès une inscription pompeuse, mais bien méritée, en l'honneur de Charles Emmanuel II (1), qui immortalisa son règne par un ouvrage admirable, la Montée de la Grotte. Figurez-

---

(1) CAROLUS EMANUEL II.

Sabandiæ dux, pedem. Prin. Cypri rex,

Publicâ felicitate partâ, singulorum commodis intentus,

Breviorem securioremque viam regiam, à naturâ

Occlusam Romanis intentatam cœteris desperatam,

Dejectis scopulorum repagulis, œquatâ montium iniquitate,

Quæ cervicibus imminebant, pedibus, præcipitia subternens,

Æternis populorum commerciis patefecit.

Anno M. DC. LXX (*).

(*) Les Vandales de 1793 avoient effacé cette inscription et mutilé le monument sur lequel elle étoit gravée. — Le gouvernement actuel a réparé les outrages de ces barbares.

vous une route pratiquée à travers une masse de rochers perpendiculaires de plus de cent pieds de hauteur. Que de travail, que de patience il a fallu pour la creuser dans un espace de trois cents toises ! Jamais cette pensée de Virgile,

Labor omnia vincit Improbus.....

n'a eu d'application plus juste.

A mesure qu'on avance, l'élévation des rochers diminue, leur forme varie ; mais on ne voit sur la surface que quelques touffes de gramen ou d'humbles troènes ; partout règnent la stérilité et la solitude.

Insensiblement la scène change ; on arrive dans un petit vallon bien cultivé, semé de grains et planté d'arbres fruitiers. A l'extrémité est le hameau de Saint-Jean. On continue à marcher entre des montagnes plus ou moins rapprochées, du sommet desquelles se précipite un grand nombre de ruisseaux. Près de Saint-Thibaud de Coux, nous en observâmes un plus considérable que les autres: il tombe de cent cinquante pieds, répand au loin une poussière humide, et court se joindre à l'Yère, torrent qui forme, un peu plus bas, une cascade aussi régulière que si elle étoit l'ouvrage de l'art. Ce fut le dernier aspect qui nous frappa jusqu'à Chambéry.

Cette ville, baignée par la Laisse et par l'Albane, renferme environ douze mille âmes. Les rues en sont étroites, pavées en cailloutis; les maisons hautes, bâties pour la plupart sur pilotis; les toits couverts d'ardoises, avec une saillie de deux ou trois pieds. Partout on rencontre des ruisseaux qui passent sous de petits ponts. On remarque deux églises, la cathédrale et Notre-Dame; deux promenades, le jardin des anciens ducs de Savoie, et le Vernai, planté de six belles rangées de tilleuls; enfin, deux places, celles de

Lans et de Saint-Léger, ornées de fontaines. La dernière est le rendez-vous ordinaire des curieux, des oisifs qui abondent dans une ville presque dépourvue de commerce et d'industrie, où les denrées de première nécessité coûtent peu, où tout particulier qui a de quoi vivre se repose.

LA SOURCE DE LA BOISSE.—LE BOUT DU MONDE.—LES CHARMETTES.

Les environs de Chambéry sont extrêmement fertiles; ils produisent beaucoup de grains, de légumes et de vin. A côté de l'arbre à fruit croît le mûrier blanc, destiné aux vers à soie. On suit diverses méthodes dans la culture de la vigne. Tantôt on la laisse ramper sur la terre, tantôt on l'élève, on la façonne en berceaux; tantôt plantée au pied de cerisiers ou d'érables alignés, elle s'entrelace autour de leur tronc, de leurs branches arrondies en vase, et s'étend pour l'ordinaire d'un arbre à l'autre en vertes guirlandes; c'est ce qu'on appelle des *hutins*. A l'ombre des cerisiers et du pampre, on sème du grain, et après la moisson, des légumes ou du bled noir. Ainsi le même champ donne souvent, en une année, quatre récoltes différentes. Cette abondance de productions n'est pas due aux seuls efforts de l'industrie agricole; la fréquence des pluies, la multitude des courants d'eau vive entretiennent habituellement dans le sol une humidité favorable à la végétation, et les feux du soleil, réfléchis par les flancs des montagnes, en accélèrent les progrès.

La campagne de Chambéry ne plaît pas moins par la variété des sites que par la richesse des cultures. De tous côtés on trouve des points de vue, des buts de promenades agréables. Je me contenterai d'en indiquer quelques-uns, tels que la source de la Boisse, le Bout du Monde et les Charmettes.

A une demi-lieue au-dessous de la ville, la Boisse offre aux estomacs débiles une eau limpide et légèrement ferrugineuse, propre à les fortifier. On la dit encore bonne pour d'autres indispositions. Elle sort d'une colline composée de larges couches de grès si tendre, que la seule action de l'air l'effeuille et le pulvérise. Les habitants y vont en été, avant la chaleur du jour; mais le motif de la santé n'est qu'un prétexte pour la plupart d'entr'eux, et bien souvent le son d'un violon qui invite à la danse, leur fait oublier des maux imaginaires, et le remède qu'ils viennent y chercher.

Le Bout du Monde, éloigné de deux ou trois milles, est une gorge resserrée entre des montagnes coupées à pic, et fermée, à l'extrémité supérieure, par une masse énorme de rochers. Plusieurs ruisseaux se précipitent de leur cime en cascades, dans un bassin semi-circulaire, et un peu plus bas, leurs eaux réunies en un seul courant, font tourner un moulin à papier.

Mais, de tous les sites voisins de Chambéry, le plus intéressant par les souvenirs qu'il rappelle, est celui des Charmettes. On sait que l'immortel auteur de *la Nouvelle Héloïse*, cet homme extraordinaire que tourmenta sans relâche l'ardeur de son génie et l'inconstance de son âme, y passa le temps, s'il faut l'en croire, le plus heureux de sa vie, avec sa bienfaitrice, son amie, madame de Warens. Ce lieu célèbre et romantique perdroit trop à être décrit par ma plume ; j'en emprunterai la peinture à Rousseau lui-même.

« Entre deux côteaux assez élevés (dit-il
» au livre 5 de ses *Confessions*), est un petit
» vallon nord et sud, au fond duquel coule
» une rigole entre des cailloux et des arbres.
» Le long de ce vallon, à mi-côte, sont quel-
» ques maisons éparses, fort agréables pour
» quiconque aime un asile un peu sauvage
» et retiré. Après avoir essayé deux ou trois
» de ces maisons, nous choisîmes enfin la

» plus jolie, appartenant à un gentilhomme
» qui étoit au service, appelé M. Noiret. La
» maison était très agréable; au-devant un
» jardin en terrasse, une vigne au-dessus,
» un verger au-dessous, vis-à-vis un petit
» bois de châtaigniers, une fontaine à por-
» tée; plus haut, dans la montagne, des prés
» pour l'entretien du bétail; enfin tout ce
» qu'il falloit pour le petit ménage champê-
» tre que nous voulions y établir. Autant que
» je puis me rappeler les temps et les dates,
» nous en prîmes possession vers la fin de
» l'été 1736. J'étois transporté le premier
» jour que nous y couchâmes. O maman,
» dis-je à cette chère amie (madame de Wa-
» rens), en l'embrassant et l'inondant de
» larmes d'attendrissement et de joie, ce sé-
» jour est celui du bonheur et de l'innocence.
» Si nous ne les trouvons pas ici l'un avec
» l'autre, il ne les faut chercher nulle part. »

Quelle aimable simplicité de détails, et

quelle vérité de coloris ! En me promenant aux Charmettes, l'illusion s'emparoit de mes sens; j'étois tenté d'y chercher Rousseau et madame de Warens. Le jardin en terrasse, la vigne, le verger, la fontaine, le petit bois de châtaigniers, rien n'a changé. La maison, après tant d'années, est telle encore qu'ils l'ont laissée. Leur mémoire s'y est conservée; leur image y semble partout réfléchie. On l'appelle toujours de leur nom, et tous les étrangers vont la voir par sentiment ou par curiosité. Rien ne prouve mieux, selon moi, la grandeur et les hautes destinés de l'homme, que ce privilège d'attacher tant d'intérêt aux lieux qui furent témoins de son passage sur la terre.

Après avoir parcouru tous les environs de Chambéry, nous étendîmes la sphère de nos promenades, qui devinrent alors de petits voyages. Mais ces excursions, dont les moins piquantes dédommagent toujours le voyageur de ses peines par quelque genre d'agrément, n'en ont quelquefois aucun pour le lecteur, étranger aux évènements de la route, à mille circonstances accessoires qui en font le principal charme. Je me bornerai donc ; et, ménageant à la fois sa patience et mon temps, je ne décrirai qu'un petit nombre de nos courses lointaines.

LA DENT DE NIVOLET.

Parmi les montagnes qui entourent Chambéry, on distingue le mont Grenier et le Nivolet. La cime du premier ressemble à un château fort. On donne le nom de dent à l'extrémité méridionale du second, sans doute à cause de sa forme aiguë et saillante. C'est pour les habitants un baromètre naturel ; elle leur annonce le beau temps ou la pluie, suivant qu'elle se découvre à leurs regards, ou s'y dérobe sous un manteau de nuages.

Le voyageur accoutumé aux plaines, qui passe dans les pays de montagnes, se trompe d'abord d'une manière étrange sur les distances ; il s'imagine toucher presque à des objets dont un long intervalle le sépare encore. La transparence de l'air dans les régions élevées, et l'absence de points intermédiaires qui reposent l'œil et en dirigent le jugement, sont les causes de ces méprises. Lorsqu'à notre arrivée à Chambéry, nous considérâmes pour la première fois la Dent de Nivolet, nous crûmes en être à peine éloignés d'une petite demi-lieue. L'expérience nous apprit qu'il falloit une heure pour gagner la base de la montagne, et près de quatre pour arriver au sommet. Le chemin que nous prîmes étoit bordé de haies vives dont l'épine fleurie exhaloit une agréable odeur. Quelques maisons de campagnes éparses dans la plaine ou sur le penchant des côteaux, formoient çà et là de jolis points de vue.

Au village de Saint-Alban commence la montée, d'abord assez douce, mais bientôt rude et pénible. Avec du temps et de la patience, on parvient cependant, sans courir aucun risque, au pied du rocher qui couronne la montagne. Il est perpendiculaire, élevé de deux à trois cents pieds, et composé de couches calcaires très minces. Sur le côté oriental existe une pente si escarpée, que pour la gravir, il faut s'aider en même temps des pieds et des mains. Un faux pas, un mouvement imprudent nous eût précipités dans un abîme. Nous eûmes grand soin de n'en point faire, et nous atteignîmes heureusement le terme de notre entreprise. Le plaisir que nous y trouvâmes, ne répondit pas tout à fait à la peine que nous nous étions donnée. Le sommet du Nivolet, qu'on estime d'environ sept cents toises au-dessus du niveau de la Méditerranée, est un plateau uniforme, inculte, hérissé de broussailles et semé de quelques méchants sapins. Quoique nous fussions déjà au mois de juin, la saison des fleurs n'étoit pas encore arrivée pour cette région aérienne. Le printemps s'y confond avec l'été, et l'hiver y domine le reste de l'année. Mais si le plateau du Nivolet paroît triste en lui-même, on y jouit d'une vue admirable. En se tournant de divers côtés, on aperçoit tour à tour les ondes azurées du lac du Bourget, la longue arête de la montagne d'Epine qui le borde à l'ouest, la sombre ville de Chambéry, la vallée de Montmélian, arrosée par l'Isère et renommée pour ses vins; les riches pâturages de Banges; enfin, ces chaînes avancées et successives de montagnes qui sont comme les échelons des Alpes, dont les cimes majestueuses ferment à l'est la perspective.

Malgré la magnificence et la variété de ce spectacle, nous ne fîmes pas un long séjour sur la Dent de Nivolet. Le soleil, dont aucun ombrage ne modéroit la chaleur, commençoit à nous incommoder. Nous descendîmes par où nous étions montés, et, soit prudence, soit bonheur, soit l'un et l'autre ensemble, nous arrivâmes sains et saufs au bas du rocher. Après cette périlleuse descente, il nous falloit un moment de repos : nous nous assîmes sur le gazon, et nous mettant à causer, nous ne fûmes pas peu surpris d'entendre une voix étrangère répondre à la nôtre ; mais bientôt nous reconnûmes, sans la voir, cette nymphe infortunée que les rigueurs de Narcisse ont reléguée dans les lieux les plus sauvages, et dans les antres déserts des montagnes. Charmés de ses accents, nous lui apprîmes quelques vers dont elle répéta distinctement les derniers hémistiches. Nous lui dîmes enfin adieu ; et, comme affligée de cette séparation, elle répéta d'une voix toujours plus foible, adieu, adieu, adieu !

LA GRANDE CHARTREUSE.

Nous partîmes un dimanche au soir, pour profiter de la fraîcheur de la nuit. Le ciel étoit pur et serein; la lune ne tarda pas à se lever et à éclairer notre marche. Nous jouîmes, chemin faisant, de l'aspect singulier et pittoresque des rochers qui bordoient la route, et dont les uns étoient noircis par l'ombre, et les autres resplendissants de lumière. Vers quatre heures du matin, nous arrivâmes au village de Saint-Laurent; là, ayant quitté notre voiture, nous prîmes un guide et nous nous acheminâmes à pied vers la Chartreuse. La route, presque partout taillée dans le roc, suit les bords d'un torrent appelé le Guyer-Mort, qui roule dans des précipices avec un bruit horrible. A une demi-lieue de Saint-Laurent, on trouve le petit hameau de Favory, où les voyageurs avoient coutume de laisser leur équipage, et à quelque distance, une usine remarquable par sa position. Pour en bien juger, il faut s'avancer jusqu'au milieu d'un pont en pierre. On voit de là les eaux du Guyer, retenues dans un réservoir à l'aide d'une digue, s'échapper par des canaux de bois, et tomber à gros bouillons sur la roue d'un moulin qu'elles mettent en mouvement. Deux autres petits ponts placés dans un plan inférieur, offrent une perspective charmante; plus loin, les montagnes paroissent se réunir, et présentent à l'œil une barrière insurmontable. Une voûte étroite, sous laquelle le chemin semble fuir, est le seul passage que l'on aperçoive. Nous restâmes quelques moments en contemplation, sans songer que notre guide, moins curieux, alloit toujours en avant. Il étoit déjà assez loin, quand nous y fîmes attention, et nous n'avions pas de temps à perdre pour le rejoindre. A une égale distance de Saint-Laurent et de la Grande Chartreuse, la route, au moyen d'un pont, change de direction, et le torrent que nous avions eu jusques-là à notre gauche, se trouva à notre droite. Nous tournâmes le rocher de l'OEillet, énorme pique sur le sommet duquel s'élevoit jadis une croix que la fureur révolutionnaire n'a point épargnée, quoique sa position dût la préserver de ses atteintes.

Enfin, après une marche longue et pénible, nous parvînmes à la Grande Chartreuse. De hautes montagnes couvertes de sapins l'environnent de toutes parts, et ne permettent de l'apercevoir que lorsqu'on y touche. L'aspect de ce saint établissement, conquis sur la nature, prêt à rentrer dans le chaos d'où ses fondateurs l'avoient tiré; le souvenir des pieux disciples de Bruno, qui, dans ce désert inaccessible aux hommes, se vouoient à la prière et à la méditation ; la profondeur du silence que rien n'interrompoit, et qui n'étoit plus, comme autrefois, le silence de la pénitence, mais celui de la destruction ; tout jeta dans notre âme un douloureux sentiment de mélancolie. Nous entrâmes, nous traversâmes la cour et le cloître ; nous cherchions le prieur, nous ne trouvâmes à sa place qu'un régisseur avide, dont l'air sombre et farouche repoussoit l'hospitalité. Nous visitâmes l'église, ensevelie sous des décombres ; nous parcourûmes une galerie, le long de laquelle régnoient les cellules des Chartreux. Toutes étoient vides, excepté une. Nous frappâmes à la porte ; don Paulin ouvrit. Nous lui fîmes plusieurs questions ; il n'y répondit point. Fidèle à ses statuts, malgré sa démence, il jeûne, il prie, il garde le silence, et conserve ses anciens habits. Je le contemplai avec vénération ; je crus voir un monument :

ce malheureux avoit survécu à son ordre et à lui-même.

Après nous être attendris sur ces ruines sacrées, nous dirigeâmes notre promenade vers le désert de Saint-Bruno, berceau de la Chartreuse. Nous donnâmes un coup-d'œil, en passant, à la jolie chapelle de Notre-Dame, conservée intacte comme par miracle. Celle de St.-Bruno, assise sur un roc couronné d'arbres, au pied duquel coule une source d'eau vive, fixa ensuite nos yeux. Dans une grotte de coquillages figurée derrière l'autel, on voit cet illustre solitaire soutenu par un ange, et respectueusement incliné devant la Vierge. Nous revînmes sur nos pas, et nous montâmes à un chalet voisin de la ferme des Egruelles, où nous bûmes d'excellent lait. Vers six heures du soir, nous étions de retour à la Grande Chartreuse. Nous avions le projet d'y passer la nuit; mais on ne put seulement nous procurer un peu de paille fraîche. Hélas, m'écriai-je en soupirant, il fut un temps! Quelques vieux frères restés au monastère, répondirent par leur tristesse à ma pensée. Nous leur dîmes adieu, non sans verser quelques larmes, et nous redescendîmes à Saint-Laurent, où nous trouvâmes notre voiture qui nous ramena à Chambéry.

LE BOURGET.

Le village du Bourget est situé près du lac de même nom, à trois lieues de Chambéry. On y va par un chemin ombragé de noyers et de châtaigniers, qui serpente dans une vallée qu'on prendroit pour un jardin continu, à la richesse et à la diversité des cultures. Nous lûmes dans une chapelle souterraine de l'église une ancienne inscription en gros caractères, gravée sur une pierre qui paroît avoir été tirée d'un temple consacré à Mercure par Terentius Catullus.

Nous allâmes ensuite chez un habitant du village, qui nous raconta qu'en fouillant dans son jardin, il avoit découvert un cercueil contenant un squelette. Auprès étoient, dans une soucoupe de métal qu'il nous montra, une petite urne de verre et deux pièces de monnoie en cuivre, portant d'un côté l'effigie de la Liberté, et de l'autre, celle d'un empereur romain couronné de lauriers, avec cette légende : *Antoninus. Aug. Pius.*

Dès que nous eûmes examiné ces foibles restes d'antiquité, nous louâmes une nacelle avec des rameurs, et nous nous embarquâmes par un temps calme. Le lac du Bourget peut avoir cinq lieues de long sur une de large. Sa profondeur varie beaucoup ; on l'estime, en quelques endroits, de quatre à cinq cents pieds. Il est entretenu par la petite rivière de Laisse, par les torrents des montagnes qui le bordent, et par des sources intérieures. Il communique avec le Rhône au moyen du canal naturel de Savière, d'environ trois quarts de lieue de long. Lorsque le fleuve vient à grossir, les eaux du lac, arrêtées et refoulées dans leur lit, éprouvent une crue subite; on y essuie des tempêtes assez fréquentes, mais nullement dangereuses. Les poissons qu'on y pêche sont la carpe, le brochet, la perche, l'anguille, le lavaret, la truite et l'ombre-chevalier.

A une lieue du Bourget, nous vîmes un torrent qui roule avec fracas de la cime du mont du Chat, et met en mouvement un moulin à scie. Un peu plus loin, nous sortîmes de notre barque pour visiter l'abbaye d'Haute-Combe, où reposoient les cendres de quelques anciens comtes de Savoie, et qu'on vient de transformer en une manufacture de faïence.

Au-dessus de cette abbaye, on trouve une fontaine intermittente très curieuse. Elle sort des flancs d'un rocher, coule à flots pressés et bruyants pendant deux à trois minutes, puis s'arrête une demi-heure, et reparoît avec la même vélocité.

Nous poursuivîmes notre promenade sur le lac jusqu'au monticule de Châtillon, qui le termine. C'est un roc pyramidal couronné par un petit castel très pittoresque. Le propriétaire nous en fit les honneurs de la manière la plus aimable. Ce bon Savoisien a su fertiliser et embellir par d'heureuses créations un terrain qui n'offroit, avant lui, que le triste et monotone aspect de la stérilité. De distance en distance, il a fait sauter des rochers, rapporter des terres, et formé des amphithéâtres de petites terrasses régulières ornées de fleurs, de légumes, d'arbres fruitiers, et entourées de berceaux de vignes.

Nous retrouvâmes notre barque et nos rameurs au pied du monticule. Comme le jour commençoit à baisser, nous nous fîmes conduire vis-à-vis de la colline de Tréserves, et nous allâmes coucher à Aix, qui est de l'autre côté.

AIX.

Cette petite ville, placée dans une riante vallée, offre plusieurs débris d'ancienne architecture, tels qu'un grand arc, les restes d'un temple, des vestiges de bains à vapeur et de piscines d'immersion, que le médecin Perrier a découverts sous sa maison et sous son jardin; enfin, deux sources d'eau chaude et médicinale, l'une dite d'alun, l'autre de soufre.

La première, en sortant du roc, tombe dans un bassin abrité par une haute et large arcade, d'où elle coule dans un autre beaucoup plus grand et plus profond. Ce dernier, nouvellement restauré, paroît d'une date fort ancienne; c'étoit probablement la piscine destinée, selon la coutume des Romains, à l'exercice de la natation.

Entre les deux réservoirs, jaillit un gros filet d'eau commune, dont la fraîcheur contraste avec la température brûlante des sources d'alun qui l'avoisinent.

Les eaux de soufre, à l'endroit même de leur éruption, sont reçues par des canaux de plomb qui les conduisent dans différents bassins. L'édifice qui les renferme s'appelle Bâtiment royal, et n'est pas indigne de ce nom. Il est construit en forme de segment de cercle; tout autour règnent des cabinets, les uns destinés à la douche, les autres aux bains d'immersion, quelques-uns à l'usage des lotions chaudes momentanées, qu'on désigne sous le nom de bouillon, parce que les eaux sortent en bouillonnant du fond de bassins étroits et bien pavés. Une voûte en forme de calotte hémisphérique, avec une ouverture circulaire au centre, sert d'issue aux vapeurs.

Cette espèce de cheminée s'ouvre et se ferme à volonté.

Les eaux d'Aix sont renommées pour un grand nombre de maladies; elles attirent tous les ans une foule d'étrangers, depuis la fin de juin jusqu'à la fin d'août. Les environs de la ville présentent des sites variés et romantiques, des moissons, des vignes, des prairies, une promenade plantée de châtaigniers et de tilleuls sur la route de Genève, et vers le lac du Bourget une longue allée de peupliers, où le promeneur mélancolique peut aller rêver à toute heure, sans jamais craindre les ardeurs du soleil.

ANNECY.—CHARTREUSE DE POMMIER.—CAROUGE.—RUMILLY.

Annecy n'est éloigné d'Aix que de cinq à six lieues. Nous passâmes, pour nous y rendre, par les villages de Saint-Félix et d'Albin. Au-dessous de ce dernier, coule le Chéran dans un lit profond, bordé de couches de grès d'une parfaite régularité. Il étoit encore de bonne heure quand nous arrivâmes; nous eûmes tout le temps de visiter, pendant le reste de la journée, l'intérieur et le dehors de la ville. On y compte à peu près cinq mille âmes. Elle passe pour ancienne, et nous parut très mal bâtie. De grossières et sombres arcades en rétrécissent la plupart des rues; mais sa situation à l'extrémité d'un beau lac, dans un vaste bassin couronné de montagnes, est délicieuse.

Tout le monde sait qu'en 1535, lorsque Genève embrassant la réforme, se sépara de l'église romaine, Annecy fut la retraite que choisit Pierre de la Beaume avec son clergé. Saint François de Sales, issu d'une famille noble de Savoie, dont il reste encore des rejetons, illustra, dans le siècle suivant, ce nouveau siège par ses vertus et par ses talents. Le couvent de la Visitation, où sa dépouille mortelle étoit déposée à côté de celle de la bienheureuse Chantal, est converti en une fabrique d'indienne. La philosophie s'applaudit de ce changement, qu'elle appelle une conquête sur la superstition et l'oisiveté ; mais, en privant Saint François de Sales et la bienheureuse Chantal de leur dernier asile, elle n'a pu leur enlever la vénération des fidèles qui préfèrent à ses dogmes la foi de leurs ancêtres.

Annecy ne contient aucun édifice public digne d'attention, excepté l'ancienne cathédrale, dont le chœur est enrichi d'ornements que le goût ne désavoue point, et le palais épiscopal, monument récent d'une architecture noble et modeste. Les établissements particuliers justifient la réputation d'industrie et d'activité dont jouissent ses habitants. Le collège des Barnabites, en changeant de maîtres, a conservé sa première destination; il est occupé par une école secondaire, où l'on enseigne avec succès les éléments des langues et des sciences. Outre la manufacture d'indienne dont j'ai déjà parlé, Annecy possède encore une fabrique d'acide sulfurique, une verrerie et une filature de coton.

Mais ce qu'il offre de plus attrayant au voyageur, c'est un lac tranquille que domine un demi-cercle de montagnes dont les sommets et les flancs arides forment une opposition frappante avec leurs bases couvertes de vignes, de moissons, et parsemées de villages et de maisons de campagne. Ce lac, élevé de deux cent vingt-huit toises au-dessus de la mer, a quatre lieues de long sur une de large. On y pêche à peu près les mêmes poissons que dans celui du Bourget. Il est alimenté par des ruisseaux, par une multitude de sources, et par des torrents qui, à la fonte des neiges, y versent leurs flots en cascades, des hauteurs voisines. Deux canaux qui traversent la ville, et la partagent en plusieurs îles, servent d'écoulement à ses eaux; elles se réunissent ensuite en un même courant, et, sous le nom de Thiou, vont se perdre dans le Fier.

Nous passâmes le lendemain ce torrent sur un pont d'une seule arche qui unit les deux bords d'une gorge profonde. Le Fier, comme le Cheran, roule parmi ses flots des paillettes d'or que les gens du pays sont très soigneux de recueillir.

A un quart de lieue du village de Chable, nous nous écartâmes de la grande route, pour aller voir la Chartreuse de Pommier. Elle est bâtie au pied d'une montagne escarpée qui l'abrite, en face d'un joli vallon. Nous n'y trouvâmes aucune trace de sa première destination ; des marchands de Genève ont remplacé les enfants de Saint Bruno. Dans cet ancien séjour de la pénitence, on fait aujourd'hui de la faïence et de la bière. Nous le savions avant d'y aller, et cependant nous fûmes frappés de ce changement, comme si nous l'eussions ignoré. Le cœur humain ne peut se défendre d'une secrète impression de tristesse à la vue des asiles sacrés de la religion convertis en de profanes usages. Il faut du temps pour que la raison approuve ce que le sentiment condamne.

Nous quittâmes la Chartreuse de Pommier pour regagner notre voiture qui nous attendoit au village de Chable, et nous fûmes bientôt à Carouge. Cette ville est située dans une plaine, sur la gauche de l'Arve, torrent impétueux qui prend sa source au Col de Balme, à l'extrémité de la vallée de Chamouny, et va se jeter dans le Rhône au-dessous de Genève. Les rues de Carouge sont larges, régulières, bien bâties; on diroit une ville toute nouvelle, et c'en est une en effet. Plusieurs maisons, plusieurs édifices ne sont point encore achevés, et ne le seront probablement jamais. Les rois de Sardaigne, jaloux du commerce et de la prospérité de Genève, voulurent lui opposer une rivale dans son voisinage; mais le succès trompa leur espérance. Carouge, au lieu de s'illustrer par l'industrie, devint le repaire honteux de tous les vices, et ne servit qu'à rehausser la gloire d'une cité dont il devoit effacer ou partager l'opulence; tant il est vrai que la fortune publique, comme la fortune particulière, se fonde et se conserve par les talents et par les mœurs.

En revenant de Carouge à Chambéry, nous

prîmes une nouvelle route un peu moins longue que celle d'Annecy, et nous passâmes d'abord par le bourg de Saint-Julien, auprès duquel on exploite des carrières de gypse. Ayant ensuite franchi le mont Sion, nous descendîmes au village de Frangy, situé dans un fond entouré de vignobles bien exposés, et dont les vins jouissoient de quelque réputation dans le pays, avant que la facilité des communications en fît connoître de meilleurs. Au-delà de Frangy, on commence à gravir, par un chemin extrêmement roide, la montagne de Clermont. Il faut une heure et demie pour en atteindre le sommet, après quoi on va toujours en descendant jusqu'à Rumilly. Avant d'y arriver, on traverse, à peu de distance l'un de l'autre, le Fier et le Cheran, qui ont creusé leur lit à soixante pieds de profondeur dans des bancs horizontaux de grès tendre et argileux. Depuis une quinzaine d'années, on a construit sur le dernier un beau pont de pierre, dans la direction même du chemin : cette précaution était nécessaire pour prévenir les accidents que pouvoit causer l'imprudence des conducteurs. Le nôtre nous en raconta un fort singulier. En 1787, un postillon qui conduisoit une chaise de poste, dans laquelle étoient deux jeunes gens, ayant trop vivement poussé ses chevaux, ne put les retenir ni les faire tourner au bas de la descente; emportés par leur fougue, ils renversèrent la barrière qui servoit de garde-fou, et se précipitèrent dans le lit desséché du torrent, entraînant après eux la chaise de poste et les deux jeunes gens, qui n'avaient pas eu le temps d'en sortir. La chute fut perpendiculaire et de plus de cinquante pieds ; les deux chevaux restèrent morts sur la place, et la chaise brisée en mille pièces ; mais, par le plus heureux hasard, la chaise tomba sur son impériale, qui était chargée d'une vache; cette vache amortit le coup, et les deux jeunes gens, qui se tenoient embrassés dans l'attente de la mort, en furent quittes pour de fortes contusions. Le postillon s'étoit élancé à terre au moment qui précéda la chute; de sorte que ce terrible accident ne coûta la vie qu'aux deux chevaux.

Rumilly, honoré du titre de ville, n'est qu'une triste bourgade sans industrie, comme la plupart des villes de Savoie. Les arts qui font l'agrément et la douceur de la vie, sont à peine connus dans cette contrée; la misère s'y montre souvent sous un aspect hideux, et l'aisance n'y semble régner nulle part. Il s'en faut de beaucoup, cependant, que la Savoie soit un pays aussi pauvre qu'on se le figure ordinairement. Si la nature a dérobé la moitié de sa surface au soc de la charrue, le reste, parfaitement cultivé, fournit dans plusieurs parties une quantité de productions très supérieure à la consommation : mais le

Savoisien, aussi économe que laborieux, et presque uniquement adonné aux soins des troupeaux et de l'agriculture, ignore les jouissances du luxe, ou n'en sent pas le besoin.

En repassant par Aix, nous nous amusâmes à mesurer la chaleur de ses eaux thermales; nous la trouvâmes de trente-cinq degrés dans les eaux de soufre, et de trente-six et demi dans celles d'alun. Deux chimistes, les docteurs Bonvoisin et Socquet, en ont fait l'analyse avec une scrupuleuse exactitude : je ne rapporterai point le résultat de leurs opérations, parce qu'ils l'ont publié eux-mêmes.

A une lieue environ de Chambéry, nous descendîmes de notre voiture, et pour éviter l'ardeur excessive du soleil, nous suivîmes un sentier qui nous conduisit dans un petit vallon parallèle au grand chemin. Il étoit planté d'ormeaux et d'érables, à l'ombre desquels nous nous reposâmes. Des treilles qui avoient grimpé jusqu'à leur cime, retomboient en flottantes guirlandes au-dessus de nos têtes. Deux tourterelles roucouloient dans le feuillage où elles étoient cachées. A nos pieds fuyoit, en murmurant, un limpide ruisseau; de l'autre côté, sous des buissons d'épine défleurie, la fraise commençoit à rougir; autour de nous, l'humble pâquerette mêloit à la teinte verte du gazon ses pétales d'argent et son disque doré. Tous nos sens étoient agréablement flattés. Heureux ceux qui aiment la nature! ils goûtent des jouissances pures et douces; et si leur imagination lui prête quelque attrait, c'est pour eux un plaisir de plus.

Notre petit vallon nous avoit tellement enchantés, qu'il ne fallut rien moins que l'approche de la nuit pour nous forcer d'en sortir : mais nos regrets furent bientôt effacés par la joie de revoir Chambéry. On ne concevroit pas ce sentiment à l'aspect d'une ville que j'ai peinte de couleurs peu flatteuses, si je n'en expliquois la cause. Nous y vivions depuis deux mois, avec un prélat respectable, le plus aimable et le meilleur des hommes. Il n'oublioit rien de ce qui pouvoit contribuer à notre agrément, et sa société seule en étoit pour nous une source inépuisable. Nous nous en séparâmes à regret, au commencement de l'été, pour parcourir la Suisse; et, dès que nous eûmes achevé ce voyage, nous revînmes auprès de lui. Ce fut alors qu'arriva un de ces évènements qui font époque dans l'histoire du monde. Le nouveau monarque français voulut être sacré par le chef suprême de l'église, et Pie VII, docile à ses vœux, vint ajouter le sceau de la religion à celui de la victoire. En passant à Chambéry, il logea au palais épiscopal. Nous eûmes l'honneur de lui être présentés; il nous accueillit avec cette bonté naturelle qui lui concilie tous les cœurs, sans rien ôter à sa dignité du respect qu'elle inspire. Nous assistâmes à son souper, et le lendemain nous entendîmes sa messe. Peindrai-je ici l'enthousiasme et la vénération de tout un peuple se précipitant sur son passage, se prosternant à ses pieds pour recevoir sa bénédiction, pour toucher ses vêtements, et l'auguste pontife disant à la garde qui l'entouroit, comme autrefois Jésus-Christ à ses apôtres : « Laissez-les approcher, n'é- » loignez pas les enfants de leur père. » Quelle scène attendrissante! elle restera à jamais gravée dans ma mémoire et dans mon cœur.

FORT BARREAUX. — GRENOBLE. — MERVEILLES DU DAUPHINÉ.

Le 6 décembre nous quittâmes Chambéry, et nous prîmes la route de Grenoble par une pluie très douce pour la saison, mais qui dura toute la journée. Nous eûmes constamment à droite et à gauche de hautes montagnes remarquables par la variété de leurs cimes, tantôt arrondies, tantôt pyramidales, tantôt découpées comme à dessein. On cultive dans la vallée qu'arrose l'Isère, diverses sortes de grains, beaucoup de vignes, de mûriers et d'arbres à fruit. C'est une des plus riantes qu'on puisse voir pendant l'été : quand nous y passâmes, l'hiver l'avoit dépouillée de tous ses charmes.

A quelques lieues de Chambéry, nous aperçûmes sur une éminence le fort Barreaux, devenu inutile depuis la conquête de la Savoie, et un peu plus loin, les restes du château qui vit naître le modèle des chevaliers, l'illustre Bayard.

L'origine du fort Barreaux est si curieuse, que je crois faire plaisir au lecteur en la rapportant ici. C'est Videl qui parle, un des secrétaires du connétable de Lesdiguières, et l'auteur de son histoire.

« Le duc de Savoie (Charles Emmanuel)
» trouvoit de la consolation à ses malheurs
» dans la vanité de faire un fort sur les terres
» du roi, au-dessus du village de Barreaux;
» entreprise qui, n'ayant nulle nécessité,
» sembloit avoir beaucoup d'ostentation; car,
» si son dessein étoit d'assujettir par-là cette
» vallée, son château de Montmélian, qui
» est à la tête, le faisoit suffisamment sans
» doute; et s'il vouloit mettre à couvert la

» Savoie, son travail étoit encore plus inu-
» tile. Mais c'étoit, comme nous venons de
» dire, pour se satisfaire de la vaine gloire
» d'avoir un pied dans l'état, ayant envoyé
» le plan de cette place à la plupart des prin-
» ces d'Italie, et se consolant, par cette pein-
» ture, de tous les mauvais succès qu'il avoit
» eus en effet. Lesdiguières, qui s'étoit logé
» dans le château de Bayard (à une demi-
» lieue sud-est de Barreaux), d'où il voyoit
» aisément le travail, étant pressé par les
» siens de l'empêcher, leur disoit toujours :
» Laissez-les faire ; ils font ce fort pour nous ;
» je le prendrai quand ils l'auront achevé ; et
» il ne se mettoit point en souci...... Mais le
» fort Barreaux avoit fait un grand bruit à la
» cour, et les esprits malins ne manquoient
» pas d'attribuer cette hardiesse du duc à la
» négligence de Lesdiguières. Le roi même
» s'en plaignoit, jusqu'à dire tout haut qu'il
» lui faisoit un grand desservice de ne pas s'y

» opposer. Lesdiguières en ayant avis, et
» voulant guérir et satisfaire là-dessus l'es-
» prit du roi, lui dépêcha le baron de Luz,
» gentilhomme de la province, pour le sup-
» plier de ne se mettre nullement en peine,
» et pour lui représenter que ce fort étoit si
» nécessaire en cet endroit, que, quand le
» duc ne le feroit point, il faudroit que sa
» majesté l'y fît faire; que c'étoit un penta-
» gone fort complet; que, lorsqu'il seroit
» achevé, il le prendroit sans canons, sans
» siège, et sans qu'il en coûtât un écu. »

Lesdiguières tint parole au roi : il partit de Grenoble le dimanche des Rameaux, et le 13 mars 1598, il attaqua ce fort au clair de la lune, et s'en empara malgré la vive resistance de la garnison. Depuis ce temps, il a toujours appartenu à la France.

La nuit nous surprit à l'approche de Grenoble. Avant de décrire cette ville, je dirai un mot de l'ancienne province du Dauphiné.

Vers la fin du neuvième siècle, après la destruction du troisième royaume de Bourgogne, ce pays passa sous les lois d'un prince nommé Guy. Ses successeurs portèrent le même nom, auquel ils joignirent d'abord le titre de comtes d'Albon et de Grenoble, puis celui de comtes de Viennois. Guy IV, qui vivoit au milieu du douzième siècle, ayant pris le nom de dauphin, ses descendants en firent celui de leur famille. Humbert, après la mort de son jeune et unique héritier, dont il avoit été la cause innocente, vendit ses états à Philippe de Valois, et Charles V, petit-fils de ce monarque, fut le premier des enfants de France qui porta le nom de dauphin.

Le Dauphiné, borné au nord par la Savoie et la Bresse, à l'est par le Piémont, au sud par la Provence, et à l'ouest par le Lyonnois et le Vivarois, se divisoit en haut et bas. Il se partage aujourd'hui en trois départements, l'Isère, la Drôme et les Hautes-Alpes, dont les chefs-lieux sont Grenoble, Valence et Gap.

Grenoble, ancienne capitale de la province, et en particulier du Graisivaudan, contient environ vingt-cinq mille habitants. L'Isère, dont les eaux troubles et cendrées ressemblent encore à celles d'un torrent, le sépare en deux parties que réunissent un pont de pierre et un pont de bois : l'une appelée la Perrière, adossée à une colline, consiste en une seule rue ; l'autre, beaucoup plus grande, ne présente, ainsi que la première, aucune place, aucun édifice remarquable. La cathédrale et l'église de Saint-André sont extrêmement petites, et moins dignes, par leur architecture, d'une capitale que d'un village. Les fortifications de la ville, à peine suffisantes pour la défendre d'un coup de main avant l'invention de la poudre, tombent en ruines, faute d'entretien et de réparations. Mais si l'intérieur de Grenoble n'offre rien d'agréable, il n'en est pas de même de la campagne qui l'environne. C'est un bassin couvert de prairies, arrosé par des courants d'eau vive, ombragé d'une multitude d'arbres, et borné de tous côtés par des montagnes de formes bizarres. La vigne croît à leurs pieds, des pâturages et des bois occupent leurs flancs et leurs cimes. On ne voit nulle part de jolies maisons de campagne, de beaux parcs, de jardins soignés; mais partout on est frappé des beautés sauvages de la nature : le seul ornement que l'art y ait ajouté, c'est un mail assez bien planté sur les bords de l'Isère, et un cours formé de quatre rangées d'ormes qui se prolongent à perte de vue.

La ganterie, qui occupe près de quatre mille individus; le peignage du chanvre, très abondant dans le département de l'Isère; le travail des cuirs et des peaux, la filature et l'organsinage des soies, composent les principales branches de l'industrie de Grenoble.

Le Haut-Dauphiné est riche en mines de toutes espèces ; celles de fer sont d'un très grand rapport. Le gouvernement en exploite une d'argent; mais, soit vice d'administration, soit pauvreté du minerai, j'ai ouï dire que les produits ne surpassent point les frais d'exploitation.

A une demi-lieue au-dessous de Grenoble, le Drac, qui prend sa source au nord-ouest d'Embrun, et traverse une grande partie du Dauphiné, vient se confondre avec l'Isère. C'est près du confluent de ces deux rivières que se trouve le bourg de Sassenage, si connu par ses excellents fromages et par ses curiosités naturelles. On y montre deux cuves creusées dans le roc, qui, suivant une vieille tradition populaire, restent vides toute l'année, et se remplissent d'eau le 6 de janvier. Les montagnes de Sassenage renferment aussi de petites pierres blanches ou grises, de la grosseur d'une lentille, qui ont, dit-on, la singulière propriété de faire sortir des yeux toutes les ordures qui peuvent y être entrées. Après ces deux prétendus phénomènes, que dirai-je de la Tour-sans-Venin, de la Fontaine ardente, de la Montagne inaccessible, du pin qui reçoit la manne, et de la grotte de Notre-Dame de la Balme ? Personne ne croit plus aux fables que la crédulité s'est plu si long-temps à en publier. Des observations mieux faites, un examen plus approfondi, ont séparé le faux d'avec le vrai, et laissé à la nature ce qui lui appartient. Quelques-unes des merveilles du Dauphiné seront éternellement au nombre de ses opérations mystérieuses; on ne parlera des autres que pour se rappeler la marche constante de l'esprit humain, qui ne manque jamais d'exagérer ce qu'il admire par ignorance.

SAINT-MARCELLIN. — ROMANS. — VALENCE. — NAVIGATION SUR LE RHONE. — PONT-SAINT-ESPRIT. — AVIGNON.

La route que nous suivîmes en sortant de Grenoble, serpente entre deux chaînes de montagnes dont l'élévation diminue insensiblement. L'intervalle qui les sépare présente un aspect varié, des prairies, des terres labourées, des vignes hautes ou basses, comme en Savoie. Nous traversâmes les villages de Voreppe et de Tullins, et nous arrivâmes le soir à Saint-Marcellin. Des maisons ont remplacé ses remparts, dont il ne subsiste plus que les tourelles et les portes. On voit dans l'intérieur une belle place, une halle proprement construite, plusieurs fontaines et un joli cours. Saint-Marcellin fait un petit commerce de soie écrue ; il possède une filature, une fabrique de tissus et une teinturerie de coton, qui fournissent du travail à un grand nombre d'ouvriers des deux sexes. Son territoire produit de bons vins, du bled et du chanvre. Nous assistâmes, pour finir la journée, à un spectacle de danseuses italiennes, qui avoient établi leur théâtre ambulant dans l'ancienne église de Sainte-Marie. *O tempora! ó mores!*

Le lendemain, nous allâmes dîner à Romans. Le pays, semblable en apparence à celui de la veille, en diffère beaucoup pour la fertilité ; presque partout le sol est recouvert d'une couche de pierres qu'on diroit y avoir été déposées par une inondation. Romans, peuplé de sept à huit mille âmes, est mal bâti, mal pavé. On y trouve plusieurs filatures de soie, et des fabriques de bas, de bonnets et de gants drapés. L'Isère le traverse et le sépare d'un long faubourg nommé le Péage, auquel il communique par un pont fort élevé, que nous passâmes pour nous rendre à Valence.

Les dehors de Valence sont ornés de jolies promenades. Dans l'intérieur une église, celle de Saint-Apollinaire, mérite d'être visitée, non pour son architecture, mais parce qu'elle contient quelques restes d'un illustre et malheureux pontife : le cœur et les entrailles de Pie VI y sont déposés au milieu d'une chapelle, dans un petit coffre quarré. On a peint sur l'autel une thiare avec deux clefs croisées, et sur les murs, teints en noir, des têtes de morts et des ossements blanchis. Jamais monument si mesquin ne rappela d'aussi grands souvenirs.

Nous nous embarquâmes sur le Rhône, au-dessous de l'antique château de Crussol, assis au sommet d'un roc nu, derrière lequel paraît la petite ville du même nom. Le soleil brillant dans un ciel serein, étoit si chaud, que si nous eussions oublié notre calendrier, nous nous serions crus au printemps ou à la fin de l'été : il souffloit une bise favorable. Nous parcourûmes en peu de temps un long espace, sans rien laisser derrière nous qui excitât nos regrets. Les rives du Rhône, depuis Valence jusqu'à Viviers, sont bordées des plus ingrates collines que l'on puisse imaginer ; il ne croît, sur les nombreuses îles dont son cours est semé, que des ronces et des broussailles. Quelques bourgs escarpés, ceints de vieilles murailles flanquées de tours, forment une perspective singulière, mais hideuse. En face de Viviers, nous passâmes entre deux bancs de rochers très pittoresques, et nous parvînmes vers le déclin du jour à Saint-Andéol. Au moment où nous abordions, une foule de gens officieux se précipitèrent dans notre barque pour enlever nos effets; les aubergistes attroupés sur le rivage se disputoient avidement notre conquête ; nous ne savions à qui donner la préférence, et nous n'eûmes pas fort à nous louer d'un choix que dirigea le hasard.

L'épaisseur du brouillard ne nous permit pas de nous rembarquer avant huit heures du matin ; mais la rapidité du fleuve nous fit bientôt regagner le temps perdu : nous en avions besoin pour abréger notre ennui. L'air étoit humide et froid, la campagne sans agrément ; le soleil, enveloppé de nuages, nous envoyait à peine quelques faibles rayons de lumière, et nos regards, tristement fixés sur une immense étendue d'eau trouble, n'en étoient distraits de loin en loin que par des nuées de vanneaux et de canards sauvages, qui planoient au-dessus de nos têtes.

A peu de distance du confluent de l'Ardèche et du Rhône, nous entrâmes dans un courant impétueux, qui nous emporta sous les arches du pont Saint-Esprit. La tendre sollicitude d'une mère pour sa fille, et les exagérations des voyageurs, ont rendu célèbre ce passage, dont bien des gens se font sur parole une idée terrible. Je n'imiterai pas l'exemple de mes prédécesseurs, et dédaignant la vaine gloire d'avoir bravé un péril imaginaire, je crois devoir à la vérité, et surtout à ceux qui me suivront, un récit exact et fidèle, qui détruise dans leur esprit toute prévention et tout sentiment d'une crainte mal fondée.

Le Rhône, au-dessus du pont Saint-Esprit, est agité par de violents tourbillons, et se divise en plusieurs courants rapides. Tout l'art des bateliers consiste à en saisir un qui les dirige au milieu d'une arche; et ils sont tellement accoutumés à cette manœuvre, qu'on n'entend jamais parler d'accidents qui n'ayent pour cause leur ivresse ou les ténèbres. Or, comme il est facile de se prémunir contre ces deux inconvénients, on peut affirmer que cette traversée n'offre aucun danger réel.

Nous prîmes terre au-delà du pont, et nous revînmes sur nos pas pour l'examiner plus attentivement. La forme sous laquelle il se présente, lorsqu'on le regarde en face, n'est plus la même quand on le considère de profil; alors il n'a pas l'air bâti sur une ligne droite, mais paroît tel qu'il est en effet, étroit et tortueux. Il se termine, du côté de la Provence, à une porte d'un travail assez médiocre; vingt-six arches le composent, dans une longueur de quatre cent vingt toises, sur environ deux et demi de largeur; le Rhône ne passe d'ordinaire que sous dix-huit. On admire sa solidité, sa hauteur, et la construction de ses piles, percées chacune d'une espèce de fenêtre, pour faciliter l'écoulement des grosses eaux. Ce fut Jean de Thiange qui en posa la première pierre, en 1

Quant à la ville et à la citadelle du Saint-Esprit, il faudroit avoir du temps à perdre pour s'arrêter à les décrire; ainsi nous nous empresserons de remonter dans notre bateau et de poursuivre notre route. Nous remarquâmes çà et là les ruines de vieux châteaux qui avaient résisté au torrent des siècles, et que celui de la révolution a entraînés. Parmi les productions de la terre, l'olivier attira particulièrement notre attention, parce qu'il était nouveau pour nous; on commence à l'observer auprès de Viviers; mais dans ce climat, il trompe souvent l'attente des cultivateurs. Nous avons vu des côteaux dont l'exposition semblait faite pour lui, et où il a péri. Cet arbre frileux a besoin, pour prospérer, d'une température toujours douce, et succombe aisément sous la rigueur des hivers.

Depuis long-temps nous appercevions Avignon, lorsqu'enfin nous abordâmes au pied de ses murs.

Cette illustre cité, si nous remontons à son berceau, fut fondée par les *Cavares*, peuple gaulois, et dut ses premiers accroissements à des Marseillais, qui vinrent s'y établir pour faire le commerce. L'aisance qu'ils acquirent par leur industrie, en inspira le goût et le besoin à leurs nouveaux concitoyens ; ces hommes ignorants et grossiers apprirent à connaître et à rechercher les agréments de la vie. Favorisés par l'émulation, les arts utiles firent de rapides progrès, et l'humble bourgade des Cavares parvint au rang des villes populeuses et florissantes. Une colonie que les Romains y envoyèrent quarante-huit ans avant l'ère chrétienne, contribua encore à son agrandissement et à sa richesse. Cette prospérité se soutint sous le règne d'Auguste et des premiers Césars ; mais dans la suite, les guerres civiles occasionnées par l'élection des empereurs, y portèrent une atteinte funeste, et elle fut entièrement détruite par les ravages successifs des conquérants sortis du Nord et du Midi. Avignon éprouva le même sort et subit les mêmes lois que le Languedoc et la Provence. Au commencement du treizième siècle, il osa se souvenir de ses anciens droits, et s'érigea en république. Cet acte de courage lui valut trente ans d'indépendance, après lesquels il retomba sous l'empire de deux maîtres qui en jouirent quelque temps par indivis. Ces deux princes, frères de Saint-Louis, étoient Charles d'Anjou et Alphonse de Poitiers; l'un avoit épousé l'héritière du comté de Provence, et l'autre celle du comté de Languedoc.

Dans un siècle où l'Italie était en proie à de continuelles dissentions, les papes abandonnèrent le séjour de Rome pour se fixer à Avignon. L'exemple donné par Clément V fut suivi pendant soixante-dix ans par ses successeurs. Dépourvus de toute autorité temporelle, et comme étrangers dans une ville qu'ils avoient choisie pour leur résidence, ils désiroient vivement d'en acquérir la propriété. Jeanne première, reine de Naples et comtesse de Provence, en fournit l'occasion à Clément VI. Cette princesse, accusée d'un grand crime et chassée de son royaume, avoit besoin de l'indulgence et de la protection du souverain pontife : la vente d'Avignon pour quatre-vingt mille florins d'or lui concilia l'une et l'autre. Depuis cette époque, la cour de Rome en conserva la possession jusqu'en 1790, où l'assemblée nationale de France trouva dans l'histoire, ou plutôt dans son ambition, des raisons pour la lui enlever.

Cette ville, située comme Valence, sur la rive gauche du Rhône, est entourée d'agréables boulevards; ses murailles, en partie baignées par la Sorgue, et garnies de tours et de créneaux, sont moins un objet d'utilité que d'ornement. Ses rues, à l'exception de quelques-unes larges et bien bâties, ressemblent à celles de toutes les villes anciennes. La plupart des édifices publics qui excitaient la curiosité des étrangers sont détruits, ou dépouillés de leurs richesses; il n'y a plus ni tableaux, ni statues, ni monuments; celui de la belle Laure, le tombeau du brave Crillon ont disparu avec l'église des Cordeliers. Le couvent des Dominicains est changé en une fonderie de canons; on démolit le palais construit par Jean XXII, et puisse-t-on en effacer jusqu'au dernier vestige, jusqu'au souvenir. C'est dans ce palais que se trouve l'épouvantable glacière qui, sous le règne de la liberté et de la mort, regorgea de sang innocent.

Un peu plus loin s'élève un énorme rocher, terminé par une plate-forme, d'où l'œil embrasse dans toute son étendue la délicieuse plaine du Comtat.

Le Rhône, au-dessus d'Avignon, se divise en deux bras inégaux, et forme une longue île nommée la Bartelasse. Le fameux pont par lequel elle communiquait à la ville et au bourg de Villeneuve, a cédé, il y a long-temps, à la fureur des flots; il n'en reste plus que quatre arches, sur l'une desquelles subsiste la chapelle consacrée à Saint Benezet. On connoît l'histoire de cet enfant extraordinaire; personne n'y ajoute plus foi, et tout le monde la répète encore. En 1177, un petit berger, nommé Benoît ou Benezet, vint trouver le gouverneur de la ville, et s'annonça comme envoyé de Dieu pour bâtir un pont sur le Rhône. Le gouverneur se moqua de sa simplicité; mais le voyant persister dans son dire, il lui répondit qu'il le croiroit s'il levoit une pierre qu'il lui montra, et que trois hommes auroient eu peine à remuer. Benezet la prit à l'instant, et la porta à l'endroit où le pont fut établi. Dans un siècle d'ignorance, cet ouvrage parut sans doute un prodige; on attribua au ciel l'inspiration du génie, et la superstition, toujours amie du merveilleux, imagina un conte ridicule, que la crédulité a transmis d'âge en âge.

Le climat d'Avignon est pour l'ordinaire brûlant en été et très doux en hiver; mais dans toutes les saisons il souffle de temps en temps un vent de nord-ouest, connu sous le nom de *mistral*, qui change tout à coup la température de l'air, et dure trois, six ou neuf jours, avec plus ou moins d'impétuosité; quelquefois sa violence est telle, qu'il renverse les cheminées, ébranle les toits, et menace la ville d'une destruction totale; l'été même il est très piquant; l'hiver il vous pénètre, il vous glace jusqu'à la moëlle des os. Rien ne peut préserver de ses atteintes; les vêtements les plus chauds, les mieux tissus, ne lui résistent pas; il s'insinue à travers les portes, les fenêtres; on gèle au coin du feu.

On seroit tenté de le regarder comme un fléau, et c'est un bienfait de la Providence; il épure, il assainit l'air, il dissipe les germes de maladie qui y sont répandus, et tant qu'il règne, personne ne se plaint de sa santé.

Avenio ventosa. Sine vento venenosa. Cum vento fastidiosa.

Le commerce d'Avignon consiste en vins, garance, saffran et soie; on y fabrique beaucoup d'étoffes qu'on appelle florences. Sous le gouvernement paternel du Saint-Siège, cette ville était remplie de prêtres et de moines de tous les ordres; leurs biens ont passé en d'autres mains, et si la religion n'y a rien perdu, le peuple n'y a rien gagné : le peuple fait les révolutions, et n'en profite pas.

Les fortunes sont aujourd'hui très bornées à Avignon, et malgré cela le goût du plaisir y est général. Nous y passâmes quinze jours de la manière la plus agréable, sans éprouver un seul instant de vide et d'ennui. La société, la comédie se succédaient tous les soirs, et varioient nos jouissances. Quelque séduisant que fût ce séjour, il fallut se résoudre à le quitter. Nous avions d'abord le dessein de visiter la fontaine de Vaucluse; mais craignant d'y trouver les chiffres de Pétrarque et de Laure effacés par les frimas, nous remîmes cette intéresssante excursion au printemps suivant, époque projetée de notre retour.

LE PONT DU GARD.

A quatre lieues d'Avignon, sur la route de Nîmes, existe un des plus beaux morceaux d'architecture que l'antiquité ait transmis à l'admiration des siècles, le pont du Gard. Quelle légèreté, quelle élégance dans ce triple rang d'arcades qui s'élèvent progressivement les unes au-dessus des autres ! Quelle solidité dans ces piles, dont les pierres se soutiennent sans ciment, par leur propre poids, et par un juste équilibre ! Le pont du Gard, à l'exception de ses extrémités supérieures, est d'une conservation parfaite ; il semble bâti d'hier. Ce qui ne frappe pas moins que la noblesse, que la grandeur de ses proportions, c'est sa position entre deux arides collines, dans une gorge étroite, où le Gard roule parmi des rochers ses flots impétueux, au milieu des profondeurs d'un éternel silence. De quelque côté que s'étende la vue, elle ne rencontre aucune trace d'habitation, aucune apparence de culture. L'humble genèvrier, le thym, la lavande sauvage, uniques productions du désert, y exhalent sous un ciel brûlant leurs parfums solitaires. Quels hommes ont donc enfanté cette merveilleuse apparition? Ne diroit-on pas quelque race de géants voyageurs, qui voulurent immortaliser ainsi leur passage? Ces hommes, ces géants...... ce sont les Romains.

Je demeurai quelque temps immobile devant leur chef-d'œuvre ; puis, revenu par degré de cette première surprise, de cette surprise involontaire, qui ne laisse à l'esprit qu'une faculté, celle d'admirer, je m'attachai à en considérer les détails; alors seulement je pus compter les arches; j'en vis six au premier rang, onze au second, et trente-cinq au troisième; celui-ci porte à son sommet un canal de six pieds de haut sur quatre de large, qui amenoit à Nîmes les eaux des fontaines d'Eure et d'Airan. A côté des six premières arches, les modernes en ont adossé six autres pareilles, qui forment un pont pour le passage des voitures. Je continuai mon examen, et d'un pied que la curiosité rendoit hardi, je gravis une des collines, j'attaquai l'édifice par son seul côté accessible, et je parvins à la cime. Le canal est recouvert de larges dalles : je le parcourus tout entier intérieurement et extérieurement. Comment peindre l'état de mon âme? quelle expression donner à cette foule de sentiments qui la remplissoient et la pressoient de toutes parts? Je foulois un monument construit par les Romains, un monument que virent naître les beaux jours d'Auguste, et dont la masse triomphante reposoit sur dix-huit siècles comme sur un fondement inébranlable.

NIMES. — LES ARÊNES, LA MAISON QUARRÉE, LA FONTAINE, LE TEMPLE DE DIANE, LA TOURMAGNE.

Il y a peu de villes, même en Italie, où l'antiquité respire encore avec autant de force qu'à Nîmes. Les Arênes, la Maison quarrée, le Temple de Diane, la Tourmagne, quelle réunion pour les arts dans un aussi petit espace !

Dès que le jour parut, nous commençâmes le cours de nos observations, et suivant les boulevards, après quelques minutes de marche, nous nous arrêtâmes devant les Arênes.

Cet édifice, d'ordre toscan irrégulier, élevé de près de onze toises, avoit la forme d'une ellipse parfaite. Deux étages couronnés d'un attique, percés chacun de soixante arcades séparées par des colonnes, le composoient. Parmi celles du rez de chaussée qui servoient d'entrée au théâtre, on distinguoit quatre portes principales vers les quatre points cardinaux du monde.

Trente-deux rangs de sièges, auxquels conduisoient trois rangs de vomitoires, descendoient jusqu'à l'arène. Au-dessus de l'attique étoient placées à égales distances des consoles de six pouces de saillie en largeur, sur autant de hauteur, avec un trou rond au milieu pour recevoir les poteaux des tentes qui couvroient les spectateurs.

L'édifice étoit orné de sculptures; les unes représentoient des gladiateurs, emblême de sa destination; les autres, des figures de Phallus ou Priape, que les Romains honoroient, comme l'on sait, d'un culte particulier. Ici deux taureaux offroient le symbole de l'établissement de la colonie; là une louve allaitant deux enfants, rappeloit la première éducation des fondateurs de Rome.

Quand la religion chrétienne se fut assise sur le trône des Césars, et qu'elle eut adouci la férocité des peuples soumis à leur empire, les jeux sanguinaires des arènes furent proscrits ; mais bientôt on passa de la juste horreur qu'ils inspiroient, à une coupable indifférence pour les superbes monuments que Rome payenne y avoit consacrés. En recouvrant des sentiments d'humanité, on oublia le respect dû aux chefs-d'œuvre des arts. La superstition, l'ignorance et la cupidité devancèrent les ravages du temps, ou joignirent leurs outrages aux siens. Les arènes de Nîmes n'en furent pas exemptes. C'est peu que Charles Martel, dans le transport d'une fureur insensée, ait démoli toute la partie orientale, contre laquelle les flammes avoient échoué ; que de trente-deux rangs de gradins qui formoient l'amphithéâtre, dix-sept à peine subsistent dans les endroits les mieux conservés : l'intérieur est encombré de maisons, bâties pour la plupart avec ses débris; les loges destinées aux bêtes féroces sont changées en caves, et les portiques en magasins.

Quels sont, un peu plus loin, ces deux bâtiments qui se regardent?—Celui-là, massif, encore imparfait, frappe la vue et ne l'arrête point; c'est la Comédie. Celui-ci, petit, régulier, plein d'élégance et de goût, ne cause pas d'étonnement au premier aspect, mais les yeux une fois fixés dessus, ne peuvent s'en détacher. C'est la Maison quarrée; suivant les uns un capitole; suivant d'autres un prétoire; la basilique de Plotine (1),

---

(1) Cette dernière opinion, qui est celle de M. Séguier; n'admet plus aujourd'hui de doute. Cet infatigable antiquaire, en se conformant aux idées qu'il avoit reçues de l'abbé Barthélemy, a rapporté sur le papier, par un travail

un temple dédié à Caïus et Lucius, fils adoptifs de César et princes de la jeunesse;..... au jugement de tous, un chef-d'œuvre.

Comme ces trente colonnes cannelées, d'ordre corinthien, à chapiteaux de feuilles d'olivier, font un agréable effet ! Je suis pourtant fâché qu'elles ne soient pas de marbre; elles auroient plus de droits à l'éternité. Pourquoi ce mur dans lequel elles sont engagées, en dérobe-t-il la moitié ? J'aimerois mieux à la place un péristyle. Celui qui dé-

---

aussi pénible que délicat, tous les trous formés dans la frise et l'architrave pour y placer des crampons de lettres de métal. Il a suivi les indications de ces trous, en distinguant ceux qui avoient été faits mal à propos par l'ouvrier, et quelques traces de lettres restées sur le mur, et a deviné ainsi l'inscription suivante, dont il démontre l'authenticité dans une longue et savante dissertation :

C. Cæsari. Augusti. F. Cos. L. Cæsari. Augusti. F. Cos.
Designato principibus juventutis.

core l'entrée du temple est sans défaut ; il a six colonnes de face, et se prolonge sur les côtés jusqu'à la quatrième. On y monte par un escalier de dix marches. Au fond est la porte, de forme quarrée, accompagnée de pilastres, à la droite desquels figurent deux pierres taillées en manière d'architrave, et percées à leurs extrémités d'un trou quarré, large de seize pouces six lignes. On présume qu'elles servoient à soutenir une porte volante.

Je ne dirai rien des sculptures de la corniche et de la frise ; elles sont au-dessus de tout éloge. La Maison quarrée est un morceau fini, un véritable bijou : elle offre en petit le modèle de la perfection. Plus on la considère, plus elle plaît ; chaque examen y fait découvrir de nouvelles beautés ; mais en la quittant, on n'emporte point ces grandes impressions, ces souvenirs ineffaçables que laissent dans l'âme la pompeuse architecture du pont du Gard et les ruines majestueuses des arênes.

Continuons notre promenade. Cette fontaine dont les ondes limpides s'écoulent incessamment, semble nous appeler par son murmure. En suivant le canal en pierres de taille qui borde son cours, nous arriverons bientôt au jardin public, planté de hauts maronniers, et divisé en parterres du sein desquels l'if mélancolique élève sa tête toujours verte à côté de l'œillet et de la rose.

Vers l'extrémité du jardin, au pied d'un stérile côteau, jaillit la source de la fontaine. Dans le siècle dernier, on découvrit, en la nettoyant, des vestiges de bains antiques. On les répara et l'on y ajouta de nouveaux ornements; mais, au milieu de la multiplicité des bassins, des compartiments, du luxe des statues, des perrons, des balustrades, l'œil fatigué et comme ébloui, demande et regrette cette simplicité, cette unité d'intérêt, premier but de l'art, premier caractère du beau. Cette apparente richesse laisse l'esprit dans une pauvreté réelle.

A côté de la fontaine, dans un enfoncement, est le temple vulgairement nommé de Diane, où les Romains sacrifioient, dit-on, aux divinités infernales. Tel qu'il existe aujourd'hui, on ne peut former que des conjectures sur son ancien usage. L'extérieur a plutôt l'air d'une masure que d'un temple; l'intérieur offre des niches de diverses grandeurs, avec une portion de galerie latérale. On y a rassemblé beaucoup de fragmens épars, des aigles mutilées, des tronçons de statues, des débris de bas-reliefs, de corniches, etc. C'est une espèce de musée.

Un seul édifice important nous reste encore à examiner, la Tourmagne. Elle est située dans la campagne, sur une éminence. Le grand nombre de systèmes auxquels elle a donné naissance parmi les savants, prouve invinciblement qu'on ignore quelle en étoit la destination. Les uns la regardent comme un phare, les autres comme un temple des Volces ou un mausolée de leurs rois. Elle est construite de petites pierres quarrées en forme de pyramide. Sa base avoit sept faces et deux cent quarante-cinq pieds de circonférence, et son extrémité huit faces, avec une circonférence de cent sept pieds. Elle est fort dégradée ; sa hauteur, autrefois de plus de dix-neuf toises, a été réduite à treize par les injures du temps.

Les pavés en mosaïque, la porte de France, restée seule des dix bâties par les Romains, la statue cariatide connue sous la dénomination populaire de l'homme aux quatre jambes, et d'autres débris plus informes encore, sont dignes d'un regard et non d'une description.

Il est temps de dire un mot de la ville moderne et de ses habitants.

Nîmes renferme une population nombreuse, entièrement adonnée au commerce. Le goût des beaux-arts semble y être étranger; on ne voit que manufacturiers, marchands, ouvriers. Les principales fabriques sont de bas et d'étoffes de soie, les premières inférieures à celles de Gange, les secondes à celles de Lyon.

Il suffira de nommer, en passant, la cathédrale, vaisseau gothique dédié à la Vierge, le temple des protestants, l'hôtel de ville. L'Académie mérite qu'on s'y arrête; on y trouve une bibliothèque assez considérable, et un cabinet d'histoire naturelle et d'antiquités, formé par les recherches d'un savant aussi modeste que distingué, M. Séguier, qui, en mourant, le légua à ses concitoyens.

LUNEL. — VILLE, COMMERCE ET FACULTÉ DE MONTPELLIER.

Après avoir satisfait la curiosité que Nîmes inspire à tous les amis des arts, nous poursuivîmes notre route. La brièveté des jours ne nous permit pas d'aller au-delà de Lunel, petite ville à une lieue de la Vidourle, que nous traversâmes avant d'y arriver. Lunel, peuplé d'environ six mille âmes, doit sa réputation et sa richesse à des vins muscats renommés, et à un canal navigable qui commence près de ses murs, et communique par celui du Rhône au port de Cette.

Le lendemain, dans la matinée, nous nous rendîmes à Montpellier. Cette ville, la plus considérable du Languedoc après Toulouse, jouissoit autrefois de grands privilèges; elle étoit le siège des états de la province, le séjour des commandants et intendants, etc. Dépouillée de ces avantages politiques, elle est aujourd'hui réduite à ceux qu'elle retire du commerce, dont l'esprit l'a constamment vivifiée. L'industrie de ses habitants, sans aller chercher au loin des matières étrangères, s'exerce, à moins de frais et d'une manière plus lucrative, sur les productions du sol. Les vins qu'il rapporte en abondance leur fournissent, par la distillation, des eaux-de-vie qu'ils envoient dans les régions du Nord; et les plantes aromatiques que fait éclore la douce influence du climat, composent, entre leurs mains habiles, ces parfums si vantés que la beauté demande de toutes les parties de l'Europe.

Montpellier possède, en outre, des fabriques de coton, de couvertures de laine, d'eaux-fortes, de crême de tartre et de vert-de-gris.

C'est, à ce qu'il paroît, au treizième siècle qu'il faut fixer l'époque de sa plus grande prospérité ; alors, au moyen du port de Lattes, il entretenoit un commerce fort étendu avec toutes les côtes de la Méditerranée. Ce petit port, que défendoit un château, correspondoit à la mer par les étangs, et à la ville par un grand chemin pavé, dont l'entretien étoit confié à des magistrats particuliers institués sous le nom de consuls de mer. Il fut abandonné lors de la réunion de la Provence à la France, quand le port de Marseille fit négliger tous ceux des mêmes parages. Le commerce de Montpellier, frappé de ce coup sensible, devint languissant; mais Louis XIV, dont les regards savoient tout voir et le génie tout exécuter, lui rendit une nouvelle vigueur par la création du port de Cette, et l'établissement d'un canal qui aboutit, d'un côté, aux étangs et à la mer, et de l'autre au pont Juvénal, à un quart de lieue de la ville.

Une autre source de richesse pour Montpellier, et en même temps son premier titre de gloire, c'est cette savante faculté dont l'existence remonte à l'an 1220, et qui se soutient encore avec honneur. Je n'entrerai pas dans des détails dénués d'intérêt sur son organisation ni sur ses statuts; ceux qui seroient curieux de les connoître, peuvent consulter à ce sujet les excellents mémoires composés par Astruc. Je me contenterai d'expliquer ce qu'étoit cette robe de Rabelais dont on revêtoit, dans quelques actes, les prétendants au doctorat.

L'auteur de Pentagruel et de Gargantua étant venu prendre à Montpellier le bonnet de docteur, fut revêtu comme les autres, suivant un ancien usage, d'une robe qui, depuis, a porté son nom. Les étudiants la détruisirent peu à peu par une espèce de superstition; chacun d'eux en coupoit furtivement un morceau, et leur avidité pour cette profane relique en rendit plus d'une fois le renouvellement nécessaire.

Le voyageur que n'attirent ni la douceur de la température, ni le besoin des secours de la médecine, ni les spéculations du commerce, ne fera pas un long séjour à Montpellier. Qu'y trouveroit-il en effet? Aucuns monuments des arts, peu de plaisirs publics, point de société. Chaque famille vit isolée. Faut-il en être surpris? Comment cet esprit libre d'affaires, dégagé d'intérêt, avide de distraction et d'amusement, qui forme et multiplie les liaisons, pourroit-il s'allier avec l'esprit mercantile, sans cesse occupé d'un même objet, sans cesse dirigé vers un seul but? Partout où domine l'amour du gain, le goût des relations sociales doit être foible. Les villes commerçantes, toujours les plus riches et les plus peuplées, sont pourtant celles où il y a le moins de société.

On ne s'y réunit guères qu'au spectacle et dans les établissements connus sous le nom de lycées (1). C'est là qu'en hiver, une fois par semaine, se donne un grand bal, précédé d'un concert impromptu, ou d'une comédie d'amateurs. Lorsque ces derniers se sont égayés pendant deux ou trois heures aux dépens de l'assemblée, on enlève à la hâte les bancs des musiciens, la scène et les décorations du théâtre. Le bal commence, et durant toute la nuit, on se mêle, on se choque ; on se prend sans se connoître, on se quitte sans s'être dit un mot. La musique, la comédie, le bal, ne sont pas les seules ressources de ces établissements ; on y trouve tous les

---

(1) Il ne faut pas confondre ces lycées uniquement consacrés au plaisir, avec ceux établis par le gouvernement pour l'instruction publique.

journaux et une bibliothèque assortie au goût des habitants.

Telle est la peinture d'un lycée de province. Je reviens à Montpellier.

Ses promenades les plus fréquentées sont l'Esplanade, à côté de laquelle on voit la citadelle que Louis XIII fit construire en 1622, après la prise de cette ville sur les protestants, et la place du Peyrou, son plus bel ornement. Beaucoup plus grande que l'Esplanade, elle n'a pas, comme celle-ci, l'avantage de fournir un ombrage impénétrable aux rayons du soleil; c'est un quarré nu, fermé de balustrades, terminé, du côté de la campagne, par une terrasse ornée d'un château d'eau auquel aboutit un long et superbe aqueduc. De cette terrasse on domine sur une vaste étendue de mer, et sur des plaines immenses que couronnent, dans le lointain, les neiges des Pyrénées.

La statue de Louis XIV décoroit autrefois

la place du Peyrou, et l'on avoit conçu l'idée de l'environner de tous les grands hommes qui ont fait l'honneur de son règne et la gloire de la nation.

« Puisse, écrivoit Voltaire au marquis de
» Faugères, puisse votre projet être exécuté !
» puissent tous les génies qui ont décoré le
» siècle de Louis XIV reparoître dans la
» place de Montpellier, autour de la statue
» de ce monarque, et inspirer aux siècles à
» venir une émulation éternelle ! »

Le vœu de Voltaire, celui de tous les bons Français, a été trompé : des mains que le crime seul rendoit hardies, et qui n'avoient de force que pour le commettre, ont renversé la statue de Louis XIV. J'ai ouï dire qu'elle avoit résisté long-temps à leurs coups redoublés, et qu'enfin forcée de tomber, le retentissement de sa chute avoit été si terrible, qu'il avoit jeté l'effroi dans l'âme de cette vile populace, comme si, dans ce moment, l'ombre indignée de ce grand roi leur eût apparu pour leur reprocher leur sacrilège audace.

Le Jardin des Plantes est encore une promenade assez agréable, mais qui semble moins faite pour le plaisir que pour la méditation. Au fond se trouve une allée de cyprès qui mène à un caveau où, suivant la tradition, reposent les cendres de Narcissa, fille adoptive du docteur Young. Ce poëte célèbre n'ayant pu obtenir pour elle une place en terre sainte, la porta dans ce lieu sur ses épaules, et l'ensevelit de ses mains paternelles à la faveur des ténèbres. Ecoutons le chantre des nuits se plaindre de son malheur dans ces vers touchants :

O Narcisse, ô ma fille ! à l'heure où l'hymenée,
Préparant de tes jours la chaîne fortunée,
Sourioit à tes vœux ainsi que ton amant,
Quand ton âme s'ouvroit au plus doux sentiment,

Quand d'aveugles mortels vantoient ta destinée,
Sur un lointain rivage, en ta fleur moissonnée,
Tu meurs! Des étrangers, sans te connoître, hélas,
Ni l'aimable pitié, pleurèrent ton trépas ;
Il tomba de leurs yeux des larmes inhumaines.
O cruels préjugés! ô déplorables haines (1) !
La nature parloit à leur cœur attendri,
Et le dur fanatisme en étouffe le cri.
Tandis que du malheur l'une plaint la victime,
De sa religion l'autre lui fait un crime ;
Et de l'humanité condamnant la douleur,
Il ose d'un tombeau lui refuser l'honneur !
Que faire? A qui pouvois-je adresser ma prière ?
Il me fallut enfin voler un peu de terre,
Et remplir à la hâte un si triste devoir.
Tel qu'un vil assassin, lâche en mon désespoir,
Dans l'ombre de la nuit, sans pousser une plainte,
Je me glissai d'un pas suspendu par la crainte.
Sur sa tombe ma main n'osa graver son nom ;
L'excès de la douleur égaroit ma raison.

---

(1) Ceux qui connoissent l'original s'apercevront aisément qu'on a pris soin d'adoucir, dans cette imitation, les invectives contre l'intolérance religieuse.

Juste ciel! je suivois les lois de la nature,
Et de ses ennemis je redoutai l'injure.
Pardonne, ombre chérie, à la nécessité,
Et reçois de mes pleurs le tribut mérité!

(Young, 3ᵉ. *Nuit*).

VILLE ET PORT DE CETTE.

Nous partîmes de Montpellier le 10 janvier, dans l'après-midi ; le temps étoit superbe. Nous mîmes pied à terre au sortir de la ville, pour mieux jouir de l'aspect de la contrée. Elle nous parut d'abord riante et fertile ; mais après une heure de marche, la vigne, le pâle olivier, les cultures de toute espèce disparurent, et nous entrâmes dans une plaine aride, semée çà et là de monticules embaumés par le thym, la lavande et mille autres plantes aromatiques que la nature prodigue à ces climats. Ce désert s'étendoit à notre gauche dans l'espace d'une ou deux lieues, jusqu'à la mer Méditerranée, dont les flots sillonnés par quelques navires, se confondoient avec l'horizon. A peu de distance du rivage, sur une petite île, l'antique église de Maguelonne sembloit sortir du sein des eaux; le soleil, prêt à s'y plonger, éclairoit de ses derniers rayons cet amas de ruines parmi lesquelles le voyageur instruit cherche en vain les traces d'une ville (1) jadis florissante que Charles Martel sacrifia à sa vengeance. La ville n'est plus; peu de personnes même savent si elle exista jamais : mais tout le monde connoît l'Histoire des Amours de Pierre de Provence (2) et de la belle

---

(1) Les Maguelonnois avoient ouvert leur port aux Sarrasins. Charles Martel ayant défait ces derniers près de Narbonne, la destruction de Maguelonne fut une des suites de sa victoire. Chassés de leur patrie, les habitants se réfugièrent sur un monticule voisin d'où ils pouvoient encore l'apercevoir, et y jetèrent les fondements de Montpellier.

(2) La destinée de ce petit roman est fort singulière. Originairement composé par Bernard de Trevier, chanoine de

Maguelonne, tant les monuments du cœur et de l'esprit humain l'emportent en durée, comme en prééminence, sur les établissements les plus brillants, et en apparence les plus solides.

Nous relayâmes au hameau de Mireval, où deux énormes tours quarrées, à moitié détruites, attirèrent notre attention. Un paysan qui savoit son histoire, nous dit que c'étoient les restes d'un palais jadis habité par les rois de Mayorque. Bientôt la lune se leva dans un ciel sans nuages; ce fut à sa douce clarté que nous aperçûmes Frontignan, si cher aux amateurs de vin muscat. Ce bourg, fermé de murailles semblables à celles d'Avignon, est entouré de marais, et les vapeurs malignes qui s'en exhalent, y entretiennent

---

Maguelonne, il fut, dit-on, retouché d'abord par Pétrarque, ensuite par Rabelais; enfin, M. de Tressan l'a rajeuni et paré des grâces de son style.

des fièvres-quartes très difficiles à guérir.

Nous arrivâmes à Cette pour nous mettre à table. On nous servit de larges huîtres, une belle sole, des merlans, du veau de roi et du loup. Ce dernier poisson, qui pèse depuis deux livres jusqu'à quinze, diffère peu du maquereau pour la forme. La chair en est tendre et délicate ; celle du veau de roi, quoique plus ferme, est aussi de fort bon goût. On pêche l'un et l'autre dans les étangs voisins.

La ville de Cette, située près du bord de la mer, au pied d'une éminence couverte de vignes, n'a guères qu'une rue, et compte néanmoins neuf mille habitants, dont la plupart s'adonnent à la pêche et au service des navires. On y respire l'air le plus pur. Les négociants de Montpellier y ont presque tous des maisons où ils séjournent une partie de l'année pour surveiller l'expédition de leurs marchandises. C'est le seul point qu'on ait pu trouver sur la côte de la Méditerranée, entre les Pyrénées et le Rhône, pour assurer une retraite aux gros bâtiments. Son port est composé de deux grands môles, dont l'un tient à la montagne, du côté du couchant, l'autre à la plage, du côté du nord, et qui font ensemble une équerre dont l'angle est ouvert pour recevoir les navires. Il a dix-huit à vingt pieds de profondeur, et communique à l'étang de Thau par un canal, le long duquel règnent des quais bordés d'ateliers et de magasins. Les forts Saint-Louis et Saint-Pierre, et la citadelle assise sur la hauteur, le protègent contre les insultes de l'ennemi.

Un prince qui encourageoit tous les arts, qui bâtissoit des palais et des villes dans le même temps qu'il étonnoit l'Europe du bruit de ses exploits, Louis XIV, fut le fondateur de Cette. Afin d'en hâter la population, il permit, en 1673, à tous les particuliers de s'y établir et d'y vendre, sans aucuns droits de péage, toutes sortes de marchandises et de denrées. Avant cette époque, la montagne qui le domine formoit une espèce d'île cultivée, mais déserte. Un étang qu'on traversoit à gué dans certaines saisons, la séparoit de Frontignan. Outre que ce passage étoit périlleux, la longueur du trajet faisoit perdre beaucoup de temps aux cultivateurs, obligés tous les soirs de regagner leur demeure. Riquet, qui s'immortalisoit alors par une autre entreprise, fut chargé de construire une jetée à travers l'étang de Frontignan; il y ménagea des ouvertures avec des ponts dormants pour l'écoulement des eaux, et un pont tournant pour le passage des bateaux. Lorsqu'il eut ainsi formé une communication toujours facile et sûre entre la terre ferme et la montagne de Cette, il mit la dernière main au port, dont la confection étoit également confiée à ses talents; et cet utile établissement devint pour lui, comme pour son maître, un nouveau titre de gloire.

ÉTANG DE THAU. — VILLE ET PORT D'AGDE. — ÉCLUSE RONDE.

Il existe des relations journalières de commerce entre Cette et Marseillan ; nous profitâmes du départ d'un vaisseau marchand qui se rendoit dans ce dernier port. Un vent favorable enfloit nos voiles, et nous porta rapidement au milieu de l'étang de Thau, vaste bassin où aboutit le canal de Languedoc, et dans lequel il se prolonge au moyen de jetées qui déterminent son lit, et servent en même temps de chemins de halage. La navigation en est quelquefois dangereuse. Le patron nous raconta qu'il y a trente ans, le jour de la Saint-Louis, deux cents personnes revenant le soir d'une fête champêtre, furent surprises par un orage et submergées.

Lorsque nous eûmes atteint la hauteur de Balaruc, dont les eaux minérales ont tant exercé la plume des savants, le vent tomba, le ciel se chargea de sombres nuages. Nous avancions lentement au gré de notre impatience; aucune distraction n'adoucissoit notre ennui; quelques foulques récréoient seules nos yeux par la manière divertissante dont elles voguoient sur les flots, ou faisoient le plongeon pour y saisir leur proie.

Après une traversée de trois heures, nous abordâmes à Marseillan. Nous y prîmes un peu de pain avec un verre ou deux de *piccadan*, vin blanc assez agréable, mais inférieur à ceux de Lunel et de Frontignan. Nous plaçâmes notre valise sur un âne, et nous le suivîmes à pied jusqu'à Agde, qui étoit encore éloigné d'une bonne lieue.

Agde, ancienne colonie de Marseille, est bâti dans une plaine, sur la rive gauche de l'Hérault, non loin de son embouchure. Ses murailles flanquées de grosses tours rondes ou quarrées, lui donnent l'air d'une prison. L'ancien palais épiscopal est le seul édifice qu'on y distingue. Les habitants s'occupent, les uns à la pêche, les autres à la fabrique du vert-de-gris et à la distillation des vins. Agde est d'ailleurs l'entrepôt de la pouzzolane, que l'on tire de Civita-Vecchia pour les travaux du canal, et d'une partie des denrées qui passent de Languedoc en Provence, et de Provence en Languedoc.

Le port formé par l'Hérault, qui se jette dans une anse de la Méditerranée, à l'ouest du fort Brescou, ne reçoit que de petits bâtiments : une barre qu'on a vainement tenté de faire disparoître, en interdit l'entrée aux gros navires. Deux quais contiennent la rivière depuis la ville jusqu'à la mer, dans un lit d'environ cinquante toises de largeur.

Auprès d'Agde est un chef-d'œuvre de l'art qui excite l'admiration des connoisseurs et l'intérêt des simples curieux, l'Ecluse ronde.

Le canal de Languedoc, dérivé de la rivière d'Orbe vers celle de l'Hérault, se termineroit à cette dernière par une écluse ordinaire, sans une circonstance qui a forcé d'en changer la forme. Une digue élevée sur la rivière pour le service des moulins de la ville, établit deux niveaux dans son cours. D'un autre côté, la retenue (1) de l'Ecluse ronde étant communément plus basse que le niveau supérieur de la rivière, il falloit imaginer un moyen de fournir de l'eau à ces trois niveaux : c'est dans ce dessein qu'on a construit l'Ecluse ronde. Elle a quatre-vingt-dix pieds de diamètre, et seize de profondeur. Les eaux s'y partagent en trois branches ; l'une se prolonge du côté de Béziers, l'autre

---

(1) On appelle *retenue*, la portion d'un canal de navigation comprise entre deux écluses.

traverse l'Hérault, au-dessus de la digue, et la troisième va tomber au-dessous. Ces deux dernières opèrent chacune une jonction particulière du canal avec la Méditerranée. Ainsi fut résolu un des plus ingénieux et des plus importants problèmes d'hydraulique.

CANAL DE LANGUEDOC.—BÉZIERS.

Le 16, à quatre heures du matin, nous passâmes l'Hérault dans un bac, et après avoir fait un quart de lieue à la clarté des étoiles, et plus encore d'une grosse lanterne qu'un marinier portoit devant nous, nous gagnâmes le bateau de poste qui étoit prêt à partir (1). Nous y trouvâmes nos futurs compagnons de voyage déjà rangés autour d'un réchaud rempli de charbons presqu'éteints; une lampe obscure, suspendue à la voûte, jetoit sur leurs visages une lueur vacillante qui ne permettoit de discerner leurs traits

---

(1) Il part tous les jours deux bateaux de poste, l'un d'Agde, l'autre de Toulouse.

qu'à demi : nous renvoyâmes cet examen à la naissance du jour. Il parut enfin. Voici le tableau qu'il nous offrit. J'avois en face de moi un jeune négociant de Montpellier, que son plaisir sembloit n'occuper pas moins que ses affaires. A côté de lui fumoit un libertin septuagénaire, qui se vantoit de ses prouesses avec toute l'impudeur du vice. Dans un coin se cachoit une pauvre religieuse, arrachée sans doute par la violence à sa solitude : elle se déroboit autant qu'elle pouvoit aux regards profanes. L'homme le moins sensible auroit été touché de son recueillement, de son humilité ; le vieillard, déshonorant ses cheveux blancs, n'eut pas honte de s'approcher d'elle, et de souiller ses chastes oreilles par la licence de ses discours. Il faut avoir l'âme bien dure et profondément corrompue, pour se faire un plaisir d'effaroucher la vertu et d'affliger le malheur ! *Res est sacra miser !*

Dès que le soleil eut entièrement dissipé

les ombres de la nuit, nous montâmes sur le tillac pour examiner la campagne ; mais nous ne découvrîmes rien d'intéressant : les bords du canal étoient tristes et uniformes. Deux chevaux courant sur la rive, nous entraînoient avec vitesse.

Nous ne tardâmes pas à rencontrer une écluse. Notre bateau heurte contre une porte, qui cède à l'impulsion ; les deux battants s'écartent pour le laisser entrer, puis se rapprochent et nous enferment dans un bassin de forme elliptique, entre deux grands murs de pierre de taille. Une porte semblable à la première se présentoit devant nous ; il falloit franchir une hauteur de cinq pieds (1) pour continuer notre route. Déjà les éclusiers ont levé les vannes ; l'eau s'élance de chaque ouverture à flots pressés, et se brise en écu-

---

(1) La profondeur des écluses n'est point fixe ; elle varie suivant l'inclinaison du sol.

mant contre les murs. Insensiblement le bassin se remplit; le bateau monte, il monte encore, et atteint le niveau du canal. La porte s'ouvre alors, et notre barque, victorieuse d'un obstacle en apparence insurmontable, poursuit sa course triomphante et rapide.

Toutes les écluses du canal ont un nom qui les distingue. Portiragues est celui de la première que nous passâmes. Quelque temps avant d'y arriver, nous observâmes un torrent qui prend sa source dans la montagne Noire, et vient traverser le canal. Le Libron (c'est ainsi qu'on l'appelle) a donné lieu à une invention trop singulière pour n'en pas dire un mot. Presqu'à sec les trois quarts de l'année, il est quelquefois enflé subitement par les orages ou par la fonte des neiges, et roule beaucoup de sable et de limon qui obstruoit autrefois le lit du canal, et obligeoit à des curages dispendieux. Pour remédier à cet inconvénient, on forme au torrent un lit artificiel, en plaçant en travers du canal un radeau avec des relèvements ; de cette manière, les eaux du Libron ne se mêlent point aux siennes. Lorsqu'il est rentré dans son état ordinaire, on retire le radeau, et la navigation, interrompue momentanément, redevient libre.

Nous laissâmes notre bateau à un quart de lieue de Béziers, où nous nous rendîmes à pied. Cette ville, bâtie sur une colline d'où l'œil embrasse un fertile vallon baigné par l'Orbe, étoit jadis une colonie romaine. On y voyoit deux temples que détruisirent les Goths. Charles Martel en chassa les Sarrasins l'an 737, et la ruina de fond en comble pour empêcher qu'elle ne leur servît désormais d'asile. Elle n'est aujourd'hui remarquable que par l'agrément de sa position, et par les hommes célèbres qu'elle a produits. On doit placer au premier rang l'auteur du canal de

Languedoc, Pierre-Paul Riquet (1) de Bonrepos. Le service qu'il a rendu à son pays, lui assure des droits éternels à la reconnoissance publique. Dans le cours de l'anarchie populaire, on a dépouillé ses descendants de la propriété qu'il leur avoit laissée, et qui sembloit d'autant plus sacrée, qu'elle étoit l'ouvrage du génie; mais en les privant du

---

(1) Riquet mourut le premier octobre 1680, six mois avant l'achèvement de son canal; ce qui donna lieu à l'épitaphe suivante que lui fit M. de Cassan :

> Ci gît qui vint à bout de ce hardi dessein
> De joindre des deux mers les liquides campagnes,
>   Et de la terre ouvrant le sein,
>   Aplanit même les montagnes.
> Pour faire couler l'eau suivant l'ordre du roi,
>   Il ne manqua jamais de foi,
>   Comme fit une fois Moyse.
> Cependant de tous deux le destin fut égal :
> L'un mourut prêt d'entrer dans la terre promise ;
> L'autre est mort sur le point d'entrer dans son canal.

bien de leur aïeul, on n'a pu porter atteinte à sa gloire, et nous nous faisons un plaisir comme un devoir de lui payer le tribut d'éloges qu'il a si bien mérité.

Avant de quitter Béziers, répandons aussi quelques fleurs sur le berceau de Vanières, chantre harmonieux de la nature ; n'oublions pas surtout d'honorer d'un souvenir l'éloquent Pélisson, qui, seul avec un poète chéri des muses, le divin Lafontaine, resta fidèle à l'amitié malheureuse.

LE MALPAS. — CAPESTANG. — LE SOMAIL.

Vis-a-vis de Béziers, le canal entre dans la rivière d'Orbe, avec laquelle il coule l'espace d'un quart de lieue. Ce passage a toujours été regardé comme celui qui présentoit le plus d'obstacles à la navigation. Le lit de la rivière étant mobile et peu profond, il a fallu le rétrécir, et élever les eaux par le moyen d'une chaussée dont on pût suspendre l'effet à volonté pendant les inondations.

Quand on voyage sur le canal, on peut s'arrêter où l'on veut sans inconvénient ; on est toujours sûr de retrouver le lendemain, à la même heure, une occasion semblable à celle de la veille. Nous passâmes l'Orbe au-dessous de Béziers, et nous allâmes chercher un nouveau (1) bateau de poste au sommet de la colline opposée : huit écluses consécutives sont les degrés par lesquels on y monte ou l'on en descend.

Il étoit midi quand nous nous embarquâmes; une heure après, s'offrit à nos regards un spectacle non moins étonnant, la Montagne percée, autrement dite le Malpas. Une longue voûte bordée de trottoirs est la route qu'une heureuse audace a frayée au canal. Au-dessus pèse une énorme masse de rochers recouverts d'un peu de terre, où croissent des oliviers et des vignes. Les chevaux ne peuvent y pénétrer; ils sont remplacés par des hommes qui tirent les bateaux à force de bras. Ce conduit souterrain étonne

---

(1) Lorsque plusieurs écluses se rencontrent de suite, au lieu de les franchir, ce qui demanderoit beaucoup de temps, on change ordinairement de bateau. Il y en a trente-quatre distribués à cet effet sur la totalité du canal.

l'imagination ; ce qui redouble la surprise, c'est qu'au même endroit, à une profondeur plus grande de cinquante pieds, il existe un autre canal qui fut ouvert sous Henri IV, pour dessécher l'étang voisin de Montady. Les deux canaux se croisent, et du trottoir du canal supérieur, on voit par un puits couler l'eau dans le canal inférieur.

Peut-être Riquet auroit-il pu épargner une partie des sommes qu'ont dû coûter l'audacieuse percée du Malpas, et le majestueux amphithéâtre des écluses de Fonceranne, en donnant au canal une autre direction ; mais, par une foiblesse bien excusable, il voulut le faire passer devant les murs de sa patrie, et rendre ainsi ses concitoyens témoins de son triomphe.

Deux lieues plus loin, le canal décrit une courbe allongée pour éviter une plaine couverte d'étangs. Nous quittâmes le bateau, et prenant un chemin beaucoup plus court, nous traversâmes le village de Capestang, auquel ses antiques remparts donnent une trompeuse apparence de ville. Nous marchâmes ensuite pendant une heure sans découvrir le canal. Déjà nous craignions de nous être égarés, lorsque nous nous aperçûmes que nous n'en étions plus séparés que par une haute berge qui nous en déroboit la vue; mais en sortant d'un embarras, nous tombions dans un autre : le bateau étoit-il passé ou non? Là-dessus, grand débat entre mes compagnons. Pour moi, dans la persuasion où j'étois que nous avions l'avance sur lui, je suivis la rive à pas lents pour conserver la chaleur acquise par une course rapide. Je gagnai bientôt un pont, où me trouvant abrité du vent, d'un côté par le parapet, et de l'autre par une maison qui me renvoyoit les rayons du soleil couchant, je m'assis sur un petit tertre, et me mis à rêver dans une tranquille attente. L'année 1684, gravée au cintre du pont, avoit frappé mes yeux ; mon imagination s'en empara, et je me plus à me retracer les merveilles d'un siècle unique dans les fastes du monde.

Cette année 1684 en avoit été une des plus glorieuses. Alors le duc de Savoie épousoit Anne-Marie, fille de Monsieur, dont l'aînée, mariée à Charles II, occupoit déjà le trône d'Espagne; Duquêne, l'honneur de la marine française, foudroyoit la perfide Gênes, coupable d'intelligence, au mépris des traités, avec les ennemis de la France ; Luxembourg, après vingt-quatre jours de tranchée, ouvroit ses portes au maréchal de Créqui ; Alger humilié faisoit faire des soumissions par un ambassadeur; la trêve de Ratisbonne, signée pour vingt ans, fermoit les blessures de la France, de l'Espagne et de l'Empire ; le roi de Siam envoyoit à Versailles une ambassade solennelle; enfin, toutes les nations de la terre, subjuguées par l'ascendant de Louis XIV, ou par leur admiration, s'empressoient à lui rendre hommage.

Le bateau paresseux, mais fidelle, vint m'arracher à mes rêveries. Je jetai sur le pont un dernier regard; des lis flétris, une couronne mutilée, me rappelèrent de grandes infortunes : mes yeux se remplirent de larmes; je saluai avec attendrissement les ombres illustres que j'avois évoquées, et je me rembarquai le cœur plein de sentiments douloureux.

Le jour commençoit à baisser, les rayons mourants du soleil ne répandoient plus sur la campagne qu'une foible lumière, et donnoient à tous les objets une teinte douce et mélancolique, bien conforme à la disposition de mon âme.

Les ombres du soir nous permirent à peine d'entrevoir l'origine d'un canal naissant qui joint celui de Languedoc à l'Aude, et par la Robine, ouvrage des Romains, établit une nouvelle communication entre les deux mers.

Un peu plus haut, nous franchîmes la rivière de Cesse sur un superbe pont-aqueduc. L'invention des ponts-aqueducs n'appartient pas toute entière aux modernes; les Romains leur en avoient fourni l'idée dans le pont du Gard : leur seul mérite est d'avoir su la modifier et l'étendre à d'autres usages.

Nous couchâmes au Somail, auberge isolée, faite pour les voyageurs du canal.

ÉTANG DE MARSEILLETTE. — TRÈBES.
—CARCASSONNE.—CASTELNAUDARY.

Le 18, dès cinq heures du matin, nous étions de retour dans notre flottant observatoire. Nous y languîmes d'impatience jusqu'au moment où le soleil vint remplacer la triste lueur de notre lampe. Il se leva au milieu d'épais nuages, qu'il coloroit de ses feux naissants ; bientôt cette scène enchanteresse s'évanouit, et l'astre du jour paroissant dans tout son éclat, nous en découvrit une autre aussi magnifique qu'inattendue. La première chaîne des Pyrénées-Orientales élevoit devant nous ses cimes blanchies de neiges. Je me rappelai le voyage que j'avois fait dans ces montagnes, au sortir de l'enfance, et je les revis avec l'ivresse qu'on éprouve en retrouvant un vieil ami dont les traits n'étoient plus que foiblement gravés dans notre mémoire.

Nous dînâmes à la Redorte avec des voyageurs qui venoient de Toulouse; c'étoient des marchands et des militaires. Les premiers avoient l'air soucieux et pensif que donne l'intérêt, les seconds la gaîté qu'inspire le service.

Après le dîner, nous suivîmes à pied le bord du canal pour faire un peu d'exercice, et pour visiter l'étang de Marseillette, dont on a entrepris et abandonné plusieurs fois le desséchement. On fait dans ce moment un nouvel essai ; on creuse, on agrandit l'aqueduc de l'Eguille, qui passe sous le canal, pour donner aux eaux un entier et libre écoulement, et les conduire dans la rivière d'Aude. Deux mille ouvriers sont employés à cette entreprise. Si elle réussit, comme il y a tout lieu de l'espérer aujourd'hui, l'agriculture en retirera de précieux avantages. Figurez-vous ce vaste bassin que la nature avoit rendu stérile et malfaisant, changé par l'industrie en une plaine fertile et salubre; voyez de jolies chaumières, de riches métairies en orner la surface. L'épi jaunissant s'incline où croissoit le jonc, les troupeaux bondissent dans de naissantes prairies, et le doux son du hautbois et des chalumeaux a succédé aux rauques accents des habitants des marécages.

Nous remontâmes dans le bateau avec ces riantes illusions. Le village de Trèbes fut le terme de notre journée ; nous y soupâmes gaîment et de bon appétit. Un vieux meûnier, placé entre deux jeunes veuves, dont l'une sembloit inconsolable, et l'autre déjà consolée, s'empara de la conversation et nous raconta son histoire. Le bon homme avoit commencé par être enfant de chœur. L'envie lui vint de faire un voyage sur mer; il tomba au pouvoir d'un corsaire africain, qui le dépouilla et le mit presque nu sur le rivage. Dans sa détresse, il alla chercher fortune à Marseille; comme il savoit jouer du violon, et chantoit passablement, un opérateur le prit à ses gages et profita de ses talents. Pour nous en donner une idée, il essaya au dessert une petite chanson italienne; mais la mémoire lui manqua dès le second couplet. Heureux s'il l'eût perdue avant le premier! Sa voix aigre et cassée nous rappela les vers d'Horace :

Solve senescentem maturè sanus equum, ne
Peccet ad extremum ridendus, et ilia ducat.

Nous nous séparâmes à Trèbes de notre virtuose et des deux veuves, et nous fîmes un détour pour voir Carcassonne. Lorsqu'on travailloit au canal de Languedoc, on proposa aux habitants de cette ville de l'amener sous leurs murs, moyennant une certaine contribution; des intérêts particuliers s'opposèrent, comme il n'arrive que trop souvent, au bien général : la proposition fut rejetée, et le canal conduit dans un vallon voisin. Il y rencontra le Fresquel, avec lequel il se confondit. Ce mélange eut les suites inévitables de l'admission des rivières dans les canaux; elles tendront toujours à en interrompre la navigation pendant les crues, et à combler leurs lits par des ensablements. Le Fresquel, qui roule ses eaux limoneuses dans le creux d'un vallon bien cultivé, et dans un pays où les pluies sont fréquentes, réunit ce double inconvénient. Pour y obvier, on arrêta, en 1786, un plan également favorable au perfectionnement du canal et au commerce de Carcassonne. Les travaux, commencés dès-lors, furent interrompus pendant la révolution; mais on les a repris, depuis six ans, avec une activité qui en présage la fin prochaine. Le canal doit abandonner sa direction actuelle, et venir passer devant Carcassonne, où l'on a déjà construit un port. Le Fresquel, détourné de son lit, coupera perpendiculairement cette nouvelle branche, et la traversera sous un pont-aqueduc que l'on achève en ce moment; mais comme ce torrent est nécessaire à l'entretien du canal, on conservera la prise d'eau par laquelle il l'alimente, au moyen d'une digue établie diagonalement dans son lit, dont l'objet est de relever ses eaux pour les porter à la hauteur de celles du canal.

Carcassonne se divise en ville haute et basse, que sépare la rivière d'Aude. L'une, assise sur la cime d'un rocher, environnée de murailles délabrées et de vieilles tours qui ne servent plus que de repaire aux oiseaux nocturnes, présente l'image de la dépopulation et de la misère. En parcourant ses rues tortueuses et désertes, on croit errer parmi des ruines, et l'on ne se trompe guères. L'autre, située dans la plaine, entourée de légères fortifications et de belles promenades, offre à côté du tableau de la caducité et de la mort, celui du mouvement et de la vie. Les rues en sont alignées, les maisons propres et régulières, la population nombreuse. Au centre est une place décorée d'une fontaine en marbre.

Le commerce de Carcassonne consiste en draps, dont la majeure partie passe dans le Levant. Ce genre d'industrie lui est commun avec les villes de Chalabre et de Limoux. Il croît dans les environs de cette dernière un vin estimé, connu sous le nom de blanquette.

Carcassonne ne nous retint qu'un jour; nous en repartîmes le lendemain de notre arrivée, et nous allâmes nous embarquer à une demi-lieue pour Castelnaudary. Depuis

Agde, nous avions eu un ciel serein et une température agréable ; nous perdîmes à la fois cette double jouissance; des nuages obscurs s'amoncelèrent sur nos têtes, et laissèrent échapper par intervalles de froides ondées. Privés du doux aspect du soleil, et chassés par la pluie du tillac, théâtre ordinaire de nos observations, nous cherchâmes un abri dans l'intérieur du bateau. On en ferma exactement toutes les ouvertures pour se garantir du froid et de l'humidité ; mais cette ressource, excellente contre les injures de l'air, n'en étoit pas une contre l'ennui et la mauvaise humeur, sa compagne assidue. Quand on est jeune encore, et qu'on a peu souffert, on s'irrite des plus légers désagréments, des moindres contrariétés; un mal imaginaire en cause un réel. Cette foiblesse se corrige par les dures leçons de l'expérience ; il vaudroit mieux s'en guérir par le secours de la réflexion.

Tandis que nous nous désolions du fâcheux contre-temps qui nous tenoit emprisonnés, à côté de nous, de jeunes militaires, déjà vieillis par de laborieuses campagnes, s'amusoient à raconter leurs innombrables exploits. Le Danube, le Pô, le Nil les avoient vus tour à tour combattre et vaincre sur leurs rives. Dégagés récemment des liens du service, ils alloient, après une longue absence, revoir leur famille, respirer l'air de la patrie, et, pareils aux premiers enfants de Rome, cultiver le champ paternel de leurs mains triomphantes.

Vers quatre heures du soir, nous entrâmes dans un bassin circulaire, au-dessus duquel s'élève en amphithéâtre la ville de Castelnaudary. Sa population est de sept à huit mille âmes; elle a un chantier pour la construction des barques du canal, et un marché considérable pour les grains que produisent en abondance les plaines qui l'entourent.

C'est dans ses environs, près des bords du Fresquel, que se livra, en 1632, le combat où fut pris l'infortuné Montmorency, qui paya de sa tête une imprudente révolte contre un ministre tout puissant.

Le mauvais temps et le désir de faire une excursion intéressante, nous engagèrent à séjourner à Castelnaudary. Le lendemain, qui étoit un dimanche, nous entendîmes la messe à l'ancienne collégiale. Le curé nous donna ensuite une instruction sur les devoirs des pères et mères et des enfants. Sans avoir l'éloquence de Chrisostôme, il attachoit son auditoire par le langage simple et naturel de la vérité. Lorsqu'il eut fini, trois marguilliers se mirent à quêter, l'un pour le luminaire du saint sacrement; l'autre pour l'entretien du culte, le troisième pour les âmes du Purgatoire. Quelques pièces de monnoie tomboient de loin en loin dans les bassins des deux premiers; elles se précipitoient en foule dans celui du dernier. Heureuse ville que Castelnaudary ! elle doit être peuplée de bien honnêtes gens, puisqu'on y craint même le Purgatoire.

RÉSERVOIR DE SAINT-FERRIOL.

Nous avions compté sur le retour du beau temps; notre espoir fut trompé. Las d'une vaine attente, nous louâmes des chevaux et un guide, et sans nous laisser effrayer par la pluie ni par les mauvais chemins, nous nous mîmes en route pour visiter le Réservoir de Saint-Ferriol, situé près de Revel, à trois lieues de Castelnaudary. Je vais être obligé de descendre dans des détails arides; mais je me flatte qu'on m'en pardonnera la sécheresse en faveur de l'importance du sujet.

La montagne connue en Languedoc sous le nom de montagne Noire, est une branche de la chaîne occidentale du Vivarois; elle se termine aux environs de Revel, où, dans un demi-cercle d'un rayon peu étendu, elle présente l'origine de plusieurs rivières. C'est là que, pour fournir au point de partage les eaux nécessaires à la navigation du canal, on a construit le Réservoir de Saint-Ferriol, un des plus grands et des plus beaux ouvrages de l'art.

Ce réservoir, lorsqu'il est plein, a la figure d'un triangle scalène. Une digue en forme le petit côté, et barre le vallon de Laudot; de hautes collines couvertes de forêts d'où jaillissent des sources abondantes, le dominent sur la gauche. Les collines opposées sont très basses, et presque de niveau avec sa superficie. Sa longueur est de huit cents toises, sa largeur, près de la digue, de quatre cents, et sa plus grande profondeur de quatre-vingt-dix-neuf pieds. Une pyramide, semblable au nilomètre des Egyptiens, indique l'élévation ou l'abaissement des eaux.

La digue qui barre le vallon de Laudot, est composée de trois murs parallèles, construits à égales distances et fondés dans le roc; celui du milieu a cent pieds de hauteur. Deux terrassements, traversés chacun dans sa largeur par deux voûtes placées l'une au-dessus de l'autre, en remplissent les intervalles. La voûte inférieure du premier terrassement s'appelle voûte d'Enfer; celle qui lui succède dans le second, porte le nom de voûte de vidange, parce que les eaux du bassin retombent par là dans le lit naturel du Laudot. Ces deux voûtes communiquent par un pertuis pratiqué dans le grand mur, et fermé par une pale en fer. La digue soutient une masse d'eau de quatre-vingt-dix-neuf pieds de hauteur, qu'un déversoir placé à l'extrémité entretient à cette élévation.

Lorsqu'on veut vider le réservoir, on commence par lever une première vanne, et les eaux descendent à six pieds au-dessous de la superficie du bassin; on en lève une seconde et elles baissent encore de dix-sept pieds : il reste une hauteur de soixante et seize pieds. On conçoit que la pression d'une pareille colonne agiroit trop fortement sur une vanne placée à cette profondeur. Pour en éviter l'effet, on a substitué à la voûte qui conduiroit l'eau au pertuis, trois tuyaux de fonte de neuf pouces de diamètre, scellés dans le grand mur et fermés à l'aide de robinets ; ces robinets sont établis à soixante et dix pieds de profondeur : on y descend par une galerie qui aboutit à un escalier d'une trentaine de marches.

La voûte d'entrée des robinets est dans un plan plus élevé que celui de la voûte de vidange, mais dans le même plan et dans la même direction que la voûte d'Enfer. C'est par elle que les eaux arrivent aux tuyaux scellés dans le grand mur, d'où elles passent aux robinets qui les versent avec un bruit effroyable dans la voûte de Vidange, de la hauteur de six pieds, reste des quatre-vingt-dix-neuf qui forment la profondeur totale du réservoir.

On a ménagé ces six pieds d'élévation au-dessus du fond, pour faciliter le curage et l'écoulement des vases qui s'amoncèlent pendant l'année. Cette opération se fait en huit à dix jours, vers la fin de décembre, époque où l'on met le réservoir à sec pour les répations intérieures. Dès qu'elles sont achevées, on y introduit les eaux de la rigole de la montagne, et on les y retient : il faut à peu près six semaines pour le remplir. Le canal est alimenté, pendant ce temps, par les eaux de la rivière de Sor, qui se rendent au point de partage en suivant la rigole de la plaine, et par celles de la rigole de la montagne, qu'on détourne à leur entrée dans le réservoir, pour les conduire dans la première. Au mois de septembre, on met à sec la rigole de la plaine, et les parties du canal qui ont besoin d'être réparées. Les travaux sont finis à la fin d'octobre; et l'on donne alors, en terme de l'art, le grand volume de Saint-Ferriol. Ce volume n'est pas le même tous les ans; l'ingénieur en chef le détermine, en calculant la quantité d'eau nécessaire pour compléter celle qu'on a gardée dans les différentes retenues.

Tel est le mécanisme du Réservoir de Saint-Ferriol (1). Comme les eaux étoient entière-

---

(1) Le bassin de Saint-Ferriol n'est pas le seul qui serve à la navigation du canal. Dans la partie supérieure de la montagne Noire, sur la rivière de Lampy, on en a formé, il y a quelques années, un autre dont l'objet est de rendre au grand canal les eaux qu'il est obligé de fournir à celui de Narbonne.

A peu de distance du Réservoir de Saint-Ferriol, est le collège de Sorrèze, qui tient depuis quarante ans un rang distingué parmi les établissements consacrés à l'éducation publique. L'instruction ne s'y borne pas aux études purement écoulées, il nous fut facile d'en examiner les diverses parties. Nous parcourûmes toutes les voûtes, précédés d'un guide muni de flambeaux de résine. Nous avancions les uns à la file des autres ; cette marche lente et progressive avoit quelque chose d'imposant et de solennel. L'épaisseur des ténèbres, que perçoit à peine autour de nous la lueur sépulcrale de nos torches; des intervalles d'un profond silence, suivis tout à coup du bruit terrible de l'écho retentissant dans ces galeries souterraines ; la transparente humidité des murs, le long desquels filtroient en

---

ment classiques; les connoissances exactes, les langues modernes, les exercices du corps, y sont liés par une habile association. Cette école, fondée par un ordre religieux, bienfaiteur des lettres, fleurit encore aujourd'hui sous la direction éclairée des frères Ferlus, qui l'ont soutenue pendant les orages de la révolution, et dont elle est devenue la propriété.

rosée de diamants, quelques gouttes échappées de cet immense volume d'eau, qui forme et entretient la jonction des deux mers; mille circonstances réelles, sans parler de celles que l'imagination exaltée ne manque jamais d'ajouter à la vérité; tout fit sur nous l'impression la plus vive : nous fûmes également frappés des phénomènes de l'art et de ceux de la nature.

NAUROUSE.—CANAL DE BRIENNE.—TOULOUSE.

Les Pyrénées, limite naturelle de l'Espagne et de la France, forment un isthme entre les golfes de Lyon et de Gascogne. Du sein de ces montagnes sortent deux rivières principales qui vont se jeter, la première dans l'Océan, la seconde dans la Méditerranée. Malgré la divergence de leur cours, à une certaine distance de leurs sources, elles se rapprochent au point de ne laisser entr'elles qu'un intervalle de quatorze lieues. Il suffisoit donc, pour joindre les deux mers, d'ouvrir dans cet espace un canal de communication. Cette idée si simple, si apparente, ne pouvoit manquer d'être saisie de bonne heure : aussi, peu de temps après, la réunion paisible de l'Aquitaine sous les mêmes lois que le Languedoc, et la fin des guerres désastreuses d'Italie, fut-elle proposée au gouvernement comme un grand moyen de vivifier le commerce, et d'accroître la prospérité intérieure de la France. Mais l'exécution n'en étoit pas aussi aisée qu'on l'avoit cru d'abord, et pendant près d'un siècle et demi, on imagina beaucoup de plans, sans entreprendre d'en réaliser un seul : la nature du sol, l'insuffisance manifeste des eaux pour une navigation régulière, et la difficulté surtout de les élever à la hauteur qu'on vouloit leur faire franchir, passoient pour des obstacles insurmontables. La gloire d'en triompher étoit réservée au règne de Louis XIV et au génie de Riquet. Cet homme, d'une pénétration et d'une activité rares, découvrit dans la montagne Noire ce que personne, avant lui, n'avoit pensé à y chercher, une quantité d'eau suffisante pour alimenter en tout temps un canal navigable, et facile à conduire par une rigole au point de partage qu'indiquoit la nature. Ce point est le monticule de Naurouse, situé à six milles de Castelnaudary. Il domine deux vallons, dont l'un a sa direction vers la Garonne, et l'autre vers la Méditerranée. Sur sa cime applanie, le canal présente une longue ligne droite, terminée à chaque extrémité par une écluse; et les eaux, distribuées avec intelligence, prennent à volonté la route de l'orient ou de l'occident. Quelle que soit celle que l'on suit, on va en descendant après Naurouse. La pente du terrain, jusqu'à l'étang de Thau, est d'environ cent toises, et de trente et une jusqu'à la Garonne. Le passage des écluses nous fournit alors l'occasion d'observer une manœuvre nouvelle. Quand on monte, comme nous avions fait depuis Agde, il faut attendre que les bassins se remplissent pour atteindre le lit supérieur du canal; lorsqu'on descend, il faut attendre au contraire que l'eau qui les remplit, s'écoule et s'abaisse au niveau du lit inférieur.

Du point de partage à Toulouse, le canal traverse une contrée extrêmement fertile en grains de toute espèce, mais entièrement dépourvue d'arbres, excepté sur ses rives, qui sont embellies d'un triple rang d'ormeaux, de platanes, de frênes ou de peupliers. Tracé à mi-côte et soutenu par des digues en terre, il parcourt le revers des collines qui le séparent de l'Arriège et de la Garonne, et s'allongent en pointe aiguë vers Toulouse. Après avoir croisé la petite rivière de Lers-Morte, qu'il laisse à sa droite, il franchit plusieurs torrents sur des ponts-aqueducs, dont le dernier et le plus remarquable est celui de Saint-Agne, construit en forme de siphon renversé. Parvenu auprès de Toulouse, il s'en écarte, en décrivant autour un demi-cercle d'une lieue, et finit par se perdre dans la

Garonne, un peu au-dessous de la digue opposée au cours de cette rivière, pour entretenir dans un mouvement perpétuel les nombreuses meules du moulin de Bazacle.

Rien n'eût été plus facile que de le conduire dans les fossés de la ville ; l'intérêt du commerce le demandoit, et c'étoit la première intention de Riquet; mais la ville elle-même s'y opposa. Elle sentit ensuite le tort qu'elle avoit eu, et ce fut pour le réparer, du moins en partie, qu'en 1773 on dériva de la Garonne, au-dessus de la chaussée de Bazacle, un petit canal de huit cents toises de longueur, qui se réunit au grand entre les deux dernières écluses. Cet embranchement, auquel M. de Brienne, alors archevêque de Toulouse, donna son nom, a pour objet de faciliter l'embarquement des marchandises qui descendent de la Haute-Garonne, et qui sont destinées pour Bordeaux ou pour les provinces méridionales.

Avant de quitter le canal de Languedoc, il faut en retracer en peu de mots l'histoire et l'utilité.

Ce grand ouvrage fut commencé sous les auspices de Colbert, au mois de janvier 1667 : pendant quatorze ans, il occupa constamment huit à dix mille ouvriers, et coûta treize millions, qui en vaudroient aujourd'hui environ vingt-cinq. Lorsqu'il fut achevé, le roi nomma, pour en faire la visite, M. d'Aguesseau, intendant de Languedoc, le père du célèbre chancelier. Ce magistrat fut le premier qui en essaya la navigation ; il s'embarqua le 15 mai 1681, à son embouchure dans la Garonne : deux jours après, le cardinal de Bonzy, archevêque de Narbonne et les autres principaux personnages de la province vinrent le joindre à Castelnaudary, où se célébra une fête religieuse pour l'inauguration du canal : le lendemain, ils montèrent avec l'intendant sur sa barque élégamment décorée ; elle étoit remorquée par une galère remplie de musiciens, et suivie de vingt-trois bâtiments de Bordeaux, chargés de marchandises étrangères et nationales pour la foire de Beaucaire. Cette pompe triomphale, cette flotte naviguant dans des lieux où, peu de temps auparavant, on avoit peine à trouver de l'eau pour les besoins de la vie, attira un concours immense de spectateurs, et s'avança à petites journées jusqu'au port de Cette, au milieu des acclamations de l'admiration et de la reconnoissance.

Le canal communique d'un côté à ce port de la Méditerranée, par le moyen de l'étang de Thau, comme de l'autre, il communique à l'Océan par la Garonne; et c'est ainsi que, suivant l'expresssion du Virgile français,

Il a joint les deux mers qui joignent les deux mondes.

Entre ses deux extrémités, il s'étend sur

une ligne de 55 lieues communes. Dans ce long intervalle, il offre un lit toujours égal, dont la largeur est de soixante pieds à la surface et de trente-deux au fond : sa profondeur est partout de six pieds. Sur chacune de ses rives, un espace de six toises forme ce qu'on appelle les francs-bords : une partie sert de chemin ; l'autre reçoit le dépôt des vases qu'on retire du canal ; elle est enrichie de diverses cultures et souvent ornée de plantations qui fournissent en été une ombre agréable au voyageur.

Les frais de régie et d'entretien du canal montent, année commune, à quatre cent mille francs. Les produits donnent un revenu net de plus de cinq cent mille (1) ; ils

---

(1) Essai sur le Département de l'Aude, ouvrage de M. de Barante, administrateur aussi habile à servir le gouvernement par ses lumières, que propre à le faire aimer par sa sagesse.

se composent du loyer de magasins et de moulins à bled, du revenu des francs-bords, de celui de la barque de poste et particulièrement des droits de navigation.

Les principaux objets de transport sont les denrées coloniales qui viennent de Bordeaux par la Garonne, les vins et les eaux-de-vie qui vont à Cette, d'où on les expédie pour le Nord de l'Europe, le sel des côtes du Languedoc, les oranges de Maïorque, les huiles de Gênes, de Provence et d'Espagne, les drogues, les épiceries et toutes les marchandises du Levant; mais le seul article des grains qu'on exporte du Haut-Languedoc en Provence surpasse tous les autres réunis.

Les droits de navigation qui n'avoient éprouvé aucune variation pendant plus d'un siècle, ont été portés à un taux plus élevé dans ces derniers temps (1). Malgré cette

---

(1) L'assemblée législative, après avoir déclaré par un

augmentation, ils sont encore très modérés, et moindres que sur les rivières et les autres canaux navigables de la France.

Un historien du canal, également distingué comme savant et comme militaire, le général Andréossy, dont l'ouvrage nous a été fort utile, a calculé qu'il en coûterait au moins 6 millions pour faire voiturer par terre le même poids et la même quantité d'objets qui se transportent chaque année par le canal, pour un million deux cent soixante mille livres.

On conçoit l'heureuse influence de cette économie dans le prix des transports sur celui des denrées et des marchandises : elle procure à l'habitant des rives du canal, le double avantage de vendre les siennes plus chères, et d'acheter à meilleur marché celles

---

loi du 21 vendémiaire an 5, que les grands canaux de navigation font essentiellement partie du trésor public, établit un nouveau tarif pour celui de Languedoc.

des étrangers : il en résulte un autre effet non moins sensible, la facilité d'exporter et d'importer à peu de frais, anime l'agriculture, éveille l'industrie, multiplie les produits de l'une et de l'autre, et donne au commerce une activité soutenue.

La ville la mieux située pour en faire un très-brillant, et qui profite le moins de sa position, c'est Toulouse : amie zélée des beaux arts, elle avoit anciennement une savante université, des écoles célèbres de droit et de médecine, une académie des jeux floraux, une académie des sciences et inscriptions, une académie de peinture, de sculpture et d'architecture; mais jamais elle n'a eu de bourse renommée, jamais l'industrie et le commerce n'ont fleuri dans ses murs. C'est pourtant une des plus considérables et des plus anciennes villes de France.

Le Languedoc, dont elle étoit la capitale, comprenoit tout le pays qui compose aujourd'hui les départements de l'Ardèche, du Gard, de l'Hérault, de l'Aude, de l'Arriège, du Tarn et de la Haute-Garonne. L'origine et les annales des premiers peuples qui l'habitèrent, sont enveloppés d'un voile impénétrable. Soit qu'ils aient fait peu de chose qui fût digne de mémoire, soit qu'ils aient manqué d'écrivains pour transmettre leurs exploits è la postérité, on sait à peine leur nom. Leur histoire, à proprement parler, ne commence qu'à l'époque où ils le perdirent, en passant sous le joug d'une nation étrangère. La contrée qu'ils occupoient, favorisée d'un beau ciel, d'un sol fertile, entrecoupée de rivières, peu éloignée de l'Italie et baignée comme elle par la Méditerrannée, étoit une conquête trop attrayante pour ne pas tenter l'ambition des Romains. Environ cent quinze ans avant l'ère chrétienne, elle subit la destinée du pays compris entre les Alpes et le Rhône, et prit le nom de Gaule Narbonnaise : les vainqueurs la traitèrent avec une prédilection signalée. Fondations de villes, établissements de colonies, constructions de grandes routes, d'aqueducs, d'édifices superbes, ils n'oublièrent rien pour en faire une province riche et florissante : les arts même y furent naturalisés, et la patrie naguères à demi-barbare des Tectosages et des Volces arécomiques (1) rivalisa avec l'Italie en magnificence, en lumières et en politesse; mais cette grandeur passagère s'évanouit avec la puissance dont elle était l'ouvrage. Le foible Honorius, épouvanté par les Goths, abandonna la Gaule Narbonnaise à leurs ravages : elle tomba ensuite de leur domination sous celle des Maures, qui en furent chassés par Charles Martel. Son petit-fils Charlemagne y établit des gouverneurs sous le nom de *comtes*, de *marquis* et de *ducs*.

---

(1) Anciens habitants du Haut et Bas-Languedoc.

Les comtes de Toulouse, profitant de la décadence de sa maison et de la foiblesse de leurs voisins, se rendirent maîtres de toute la province qui, après la chute de l'empire romain, s'appela successivement Gothie, Septimanie, et enfin Languedoc : ils y régnèrent pendant quatre cents ans : Raimond VI en fut dépouillé dans la sanglante croisade contre les Albigeois dont on l'accusoit d'être le protecteur. Son fils n'en recouvra une partie qu'en se soumettant à la plus honteuse humiliation. Il maria sa fille unique au comte de Poitiers, frère de Saint Louis ; et ce dernier prince étant mort sans postérité, le Languedoc, suivant les conditions du mariage, fut réuni pour jamais à la couronne de France.

Toulouse, qui avoit été si long-temps le siège d'une cour brillante et polie, devint alors une simple capitale de province ; mais l'avantage de sa situation lui conserva toujours une place éminente parmi les villes du second ordre : pour en être une du premier, il ne lui manque que de le vouloir; la nature et l'art ont tout fait pour elle. Une contrée abondante en productions, une rivière et un canal navigables, des routes ouvertes dans toutes les directions, des communications faciles avec l'Espagne comme avec les deux mers, quelles ressources pour l'industrie et le commerce, si elle savait en profiter! il semble qu'en traçant son enceinte, on lui ait présagé une destinée qu'elle n'a remplie qu'à moitié : sa population ne s'élève pas au-dessus de soixante mille ames, et son enceinte en pourroit contenir le double. Une grande partie étoit occupée par des couvents d'hommes et de femmes, établissements respectables dans les vues de la religion, mais qui consomment beaucoup et ne produisent rien.

La Garonne la divise en deux parties inégales, réunies par un beau pont, la cité et le faubourg Saint-Cyprien décorés d'une porte construite par Mansard.

Les rues sont assez larges et propres, les maisons et les remparts bâtis en brique, les promenades, comme le cours de Muret et l'Esplanade, dignes d'une grande cité.

On ne trouve plus à Toulouse aucun vestige d'architecture romaine. Les Goths ont détruit de fond en comble son amphithéâtre et son capitole. Le palais de ses anciens comtes, où siégea depuis le parlement, est un édifice sans noblesse ni régularité. Entre les monuments d'architecture plus récente, on en remarque deux, l'hôtel de ville et le palais archi-épiscopal; j'y ajouterois la cathédrale, dédiée à Saint Étienne, si elle était achevée, et que la beauté de la nef répondît à celle du chœur : on y voit encore la chaire où furent prêchées deux fameuses croisades; l'une, par Saint Bernard contre les Musulmans; l'autre, par Saint Dominique contre les Albigeois.

Il y a dans d'autres églises quelques tableaux estimés : le muséum des Grands-Augustins en renferme une collection où l'on a confondu le bon, le médiocre et le mauvais. Elle est le fruit du brigandage et non d'un goût éclairé par l'amour des arts.

L'amphithéâtre de chirurgie mérite qu'on y donne un coup d'œil, quand ce ne seroit que pour lire ce vers heureux gravé sur la porte.

Hic locus est ubi mors gaudet succurrere vitæ:

Ici la mort se plaît à secourir la vie.

Un établissement d'un autre genre, non moins intéressant pour l'humanité, c'est la manufacture de coton de M. Boyer-Fonfrède : ce père des enfants pauvres, des jeunes orphelins, ne se contente pas de leur donner du travail, il les recueille dans sa maison, pourvoit à tous leurs besoins, les soumet à une discipline salutaire, veille lui-même sur leurs progrès, sur leur conduite, et ne les rend à la société qu'après les avoir préparés par un long apprentissage, par une instruction morale et religieuse, à en être des membres honnêtes et utiles.

Toulouse a produit dans divers genres des hommes distingués. Le président Duranti, partisan et victime de la ligue, Pibrac et Cujas se sont illustrés dans le barreau; Palaprat, Maynard et Campistron ont acquis quelque gloire dans la poésie, Rivalz et Despax dans la peinture, Fermat dans la haute géométrie.

En remontant à une époque plus éloignée, on trouveroit des noms oubliés aujourd'hui, mais alors célèbres. Personne n'ignore que Toulouse offrit le premier exemple, en France, d'une académie littéraire. Sept amis des beaux-arts y formèrent en 1324 une association connue d'abord sous le titre de *la gaie société des sept troubadours de Tolose*. Ils convoquèrent tous les poètes de la province, et promirent une violette d'or à l'auteur du meilleur poëme. Arnaud Vidal, de Castelnaudary, fut celui qui l'obtint pour un *sirvente* en l'honneur de la Vierge. Cette fête se renouvela depuis tous les ans, au mois de mai ; et l'on ajouta dans la suite à la violette, une églantine, un souci et une amarante. Vers le milieu du seizième siècle, une dame de Toulouse, Clémence Isaure, légua à l'académie un fonds destiné à en payer le prix. On lui érigea, en reconnoissance, une statue que l'on conserve à l'hôtel de ville. La bienfaitrice des jeux floraux est représentée avec une couronne et une ceinture de fleurs.

Le nom des troubadours ne réveille ordinairement que des idées de tendresse et de chevalerie ; mais ces poètes errants ne se bornèrent pas à chanter l'amour et la gloire : on leur doit une peinture fidelle et naïve des préjugés de leur siècle. Ennemis déclarés des vices, ils mêlèrent souvent aux leçons de galanterie des préceptes de vertu; et leurs ouvrages, monument précieux pour l'histoire de l'esprit humain, eurent le double mérite de contribuer à la correction des mœurs, et de préparer la renaissance des lettres.

BEAUCAIRE. — TARASCON. — ANTIQUITÉS DE SAINT-REMY. — LAMBESC. — AIX.

Nous revînmes de Toulouse à Nîmes, et nous consacrâmes encore un jour à en revoir les antiquités. Quoiqu'à peine un mois se fût écoulé depuis notre premier passage, leur aspect m'inspira un nouvel enthousiasme. L'élégante architecture de la Maison quarrée ne charmoit pas moins mes yeux et mon goût, que la masse imposante des Arènes n'étonnoit mon imagination. Je ne pouvois me détacher de ces augustes monuments, parvenus jusqu'à nous à travers tant de siècles, tant de révolutions, et je payai avec transport un dernier tribut d'admiration au génie de l'ancienne Rome, et à ce caractère de grandeur et de stabilité qu'elle imprimoit à ses moindres ouvrages.

Comme nous connoissions déjà la route d'Avignon, au sortir de Nîmes, nous prîmes celle de Beaucaire. La position de cette ville au pied d'arides rochers, sur les bords du Rhône, est très pittoresque. Un long rang de collines, derrière lesquelles le mont Ventoux élève son front chargé de frimas, borne au loin la perspective.

Beaucaire, mal bâti, mal peuplé, est le théâtre d'une foire renommée qui s'y tient tous les ans, du 22 au 29 juillet. Des marchands de toute l'Europe s'y rendent en foule à cette époque, et le concours de monde attiré par l'espoir de vendre et par le désir d'acheter, est si prodigieux, que la ville, presque déserte le reste de l'année, ne peut suffire alors à ce surcroît de population éphémère. Les boutiques sont établies hors des remparts, sous de belles allées d'arbres, le long du

Rhône. Nous le traversâmes, partie sur un pont de bateaux, partie sur une jetée en pierres. Ce fleuve, large de plus d'un demi-quart de lieue, est ici d'une extrême rapidité. Sur la rive opposée à Beaucaire, se présente Tarascon, mieux bâti et plus peuplé, quoique moins étendu. On y remarque un bel hôpital, le château que fit bâtir Louis II, roi de Sicile, et l'église consacrée par la reconnoissance à Sainte Marthe. Cette sainte, suivante la tradition, délivra le pays de la fureur du Drac, monstre amphibie qui so nourrissoit de chair humaine.

Un vieil auteur, Gervais de Tilisbury, raconte naïvement que, de son temps, le Drac habitoit le Rhône; qu'une femme de Beaucaire, qui lavoit du linge dans le fleuve, ayant laissé tomber son battoir, courut après pour le ratrapper; mais que s'étant trop éloignée du bord, le monstre, qui étoit couché dans l'eau, la saisit et l'emporta dans son humide caverne, où il lui donna son fils à nourrir. Elle y demeura sept ans, au bout dequels elle obtint, en récompense de ses soins, la liberté de retourner à Beaucaire.

Credat judæus Apella,
Non ego.

Tarascon est assis sur un terrain uni, et souvent inondé par les débordemens du Rhône. Il venoit de l'être lorsque nous y passâmes; les eaux n'étoient pas encore entièrement retirées, et nous en trouvâmes la route couverte en plusieurs endroits pendant près d'une lieue.

Nous avions joui toute la matinée d'un temps délicieux; aucun nuage ne ternissoit l'azur du firmament; la molle haleine du zéphire troubloit seule l'immobilité des airs. Nous croyions être au printemps, et la terre trompée comme nous, ornoit déjà son sein d'une richesse prématurée. Les amandiers en fleur, les abricotiers sur le point de fleurir flattoient nos sens par leur éclat et par leur parfum;

> « Imprudents arbrisseaux qui, trop pressés d'éclore,
> » Cachoient leurs fruits naissants sous les habits de Flore (1). »

Tout à coup la température change; des nuages rougeâtres enveloppent le soleil, et le terrible mistral se déchaîne avec fureur. Il sembloit qu'une fée maligne nous eût transportés en un instant des riantes contrées du Midi dans les régions glacées du Nord. De noirs torrents de poussière roulés en tourbillons obscurcissent l'atmosphère, et la nature attristée se dérobe à nos regards sous un voile lugubre.

En arrivant à Saint-Remy, nous nous hâtâmes de visiter avant la nuit les antiquités auxquelles cette petite ville doit toute sa cé-

---

(1) Roucher, Poëme des Mois.

lébrité. Elles n'en sont éloignées que d'un quart d'heure de marche, et composent aujourd'hui les seuls vestiges de *Glanum Livii*, qui, suivant quelques historiens, fut détruit au commencement du cinquième siècle par les Vandales.

Les antiquités de Saint-Remy consistent dans un arc de triomphe que l'on suppose érigé en l'honneur de Nero Claudius Drusus, frère puîné de l'empereur Tibère, et dans un mausolée, monument de piété filiale, comme il paroît par l'inscription suivante :

Sex. L. M. Juliei. C. F. parentibus sueis.

Une même enceinte tapissée de gazon les enferme tous deux; de jeunes arbres plantés autour, marient à leur teinte sombre la tendre verdure de leur feuillage.

L'arc de triomphe a le plus souffert des injures du temps; on voit sur chaque face une colonne et deux figures mutilées. L'intérieur de la voûte est orné d'hexagones délicatement sculptés, avec une fleur au milieu; l'extérieur est couvert en dalles.

L'élégance et le bon goût du siècle d'Auguste brillent dans le mausolée ; c'est un édifice à base quarrée, d'environ quarante pieds d'élévation, qui se divise en quatre parties très distinctes. La première offre sur chacune de ses faces des bas-reliefs extrêmement dégradés, représentant des combats ; la seconde, quatre ouvertures régulières, accompagnées d'une colonne corinthienne à chaque angle ; une rotonde formée par neuf colonnes, également d'ordre corinthien, au centre de laquelle sont deux statues de grandeur naturelle, mais d'un style moderne, compose la troisième ; enfin la quatrième, qui couronne l'édifice, est une coupole de figure conique, revêtue de dalles.

Ces monuments que le temps a dégradés, mais qu'il n'a pu détruire, inspirent un respect religieux. Les ouvrages des hommes sont si fragiles et si périssables, qu'on ne voit pas sans admiration ceux qui ont résisté au double ravage des siècles et de la barbarie.

Nous nous remîmes en route avec le mistral, qui, pendant la nuit, avoit glacé les eaux et durci la surface de la terre. Nous passâmes près du village d'Orgon, dominé par des débris de murailles qui ne sont plus aujourdhui que de hideuses masures. Au-dessous roule l'impétueuse Durance, qui dévaste si souvent ses rives par de funestes débordements. Nous dînâmes au hameau de Sénas, et dans l'après-midi, nous gagnâmes la petite ville de Lambesc, principauté qui appartenoit à la maison de Lorraine, et où se tenoient les assemblées de la province. Il y a dans les environs des carrières de marbre.

Depuis Tarascon jusqu'à Lambesc, s'étend

une plaine plus ou moins large, toujours enfermée entre deux chaînes de côteaux, dont les formes diversifiées à l'infini ne se ressemblent que par leur constante nudité. Le sol est en général peu fertile; il produit cependant différentes espèces de grains. On y cultive aussi avec succès le mûrier, l'amandier, la vigne et l'olivier. Ce dernier arbre, qui croît si lentement et dure si long-temps, ne résiste point aux hivers rigoureux. Celui de 1789 lui fut tellement funeste, que dans l'espace de vingt lieues, nous n'en vîmes pas un dont la jeunesse n'attestât cette désastreuse époque.

Nous quittâmes Lambesc de grand matin. Lorsque le soleil, de retour sur l'horizon, eut commencé à réchauffer l'air du feu de ses rayons, nous mîmes pied à terre, et nous gravîmes une montagne, du sommet de laquelle nos regards embrassèrent une perspective immense, dont la richesse et la variété contrastoient délicieusement avec l'aride uniformité des lieux d'où nous sortions. Nous descendîmes; à mesure que nous avancions, quelque nouvelle partie de ce magnifique tableau cachée par les contours de la montagne, se découvroit à nous.

Dans le fond du bassin paroît la ville d'Aix. L'aspect en est peu satisfaisant; aucun édifice ne fixe l'attention. Trois ou quatre clochers gothiques élancés dans les airs, se détachent seuls de la foule des maisons, toutes couvertes en tuiles; mais l'intérieur de la ville détruit bientôt l'idée défavorable qu'on en avoit d'abord conçue. A l'entrée est un large cours formé par quatre rangs d'ormes, orné de trois fontaines, et bordé de bâtiments presqu'uniformes. La plupart des rues sont alignées. Les connoisseurs admirent l'architecture de plusieurs hôtels construits par le Puget, qui réunit, comme Michel-Ange, le triple talent de peintre, de scuplteur et d'architecte.

On remarque sur la fontaine de la place des Jacobins un grand obélisque avec quatre lions à sa base et un aigle à son sommet. Entre les mauvais tableaux qui tapissent les murs de leur ancienne église, il y en a un dans lequel le ridicule de la composition surpasse encore l'ignorance de l'art. Il représente un temple où la sainte Vierge est à genoux devant un pupitre ; vis-à-vis d'elle, et dans la même attitude, l'ange Gabriel, revêtu d'une chape, et dans le haut, le Père éternel tenant d'une main un globe, et de l'autre un compas.

On conserve à l'hôtel de ville quelques morceaux de mosaïque à moitié effacés par le temps, deux urnes cinéraires trouvées dans les ruines des anciennes tours qui servoient de défense à la ville, et d'autres foibles restes d'antiquités.

La cathédrale dédiée à Saint Sauveur est un vaisseau gothique, surmonté d'une tour hexagone. Des sculptures en bois, précieuses par leur ancienneté et par la délicatesse du travail, en décorent la porte. Dans l'intérieur, l'objet le plus frappant est le baptistère. Huit colonnes d'ordre corinthien, six de marbre et deux de granit, soutiennent le dôme qui couvre les fonts. Elles furent déterrées au même endroit qu'elles embellissent maintenant. On présume qu'elles faisoient partie d'un temple; ainsi, en revoyant le jour, elles ont recouvré leur première destination. On voit en outre, à côté du maître-autel, deux lions antiques qui dévorent chacun un enfant, et dans une aile la petite et sombre chapelle de St.-Maximin, bâtie avant la cathédrale dont elle fut comme le berceau.

Il ne faut plus chercher dans les églises, ces chefs-d'œuvre de peinture et de sculpture qui échauffoient la piété des fidèles et charmoient l'œil de l'amateur, ni ces monuments funèbres élevés par la douleur ou par la vanité, et si utiles pour l'histoire. Le brigandage et l'athéisme ont tout pillé, tout détruit. Les comtes de Provence inhumés à Saint-Sauveur et à Saint-Jean, n'ont pas été plus respectés que les Bourbons à Saint-Denis : ils avoient régné, on les a punis de leur gloire comme d'un crime.

Mais si les arts ont été proscrits des édifices publics, leur culte n'est pas entièrement abandonné : on trouve encore chez quelques particuliers des collections de tableaux, dignes de l'attention des connoisseurs. Le cabinet de M. le président Desnoyers mérite celle des antiquaires; le goût le plus éclairé, l'érudition la plus profonde en ont dirigé la formation. Il est très riche en fragments d'antiquité, en inscriptions, en livres, en dessins et surtout en médailles. M. Desnoyers possède la suite complète de celles du bas Empire, ainsi que toutes les monnoies frappées en France depuis le commencement de la monarchie : ce respectable savant, qui consacre au soulagement de l'humanité toutes les heures qu'il dérobe à l'étude, accueille les étrangers avec une bonté pleine de grâce, et ne dédaigne pas de partager avec eux les trésors de ses veilles et les fruits d'une longue expérience.

Parmi les curiosités d'Aix, je ne dois pas oublier ses eaux minérales, quoiqu'elles soient aujourd'hui beaucoup moins estimées que du temps des Romains : il paroît que le mélange de quelque source froide en a altéré la vertu ; elles ne contiennent qu'une légère dose de soufre. On les prend en boisson ou en bains : leur température, qui ne varie jamais, est telle qu'on n'a pas besoin de les faire chauffer comme celles de Schintznacht en Suisse, ni de les laisser refroidir comme celles de Leuck en Valais : on les dit bonnes pour les plaies, pour les suppressions de transpiration, pour les maladies cutanées et beaucoup d'autres; mais on n'en fait guère usage que pour des bains de propreté.

Tandis que je m'étudie à recueillir sur ma route toutes les observations qui peuvent intéresser l'ami des arts, de la nature et de l'antiquité, je crains d'avoir trop négligé une classe de lecteurs, à la vérité peu nombreuse, mais dont le suffrage n'est pas à dédaigner, celle des gourmands. Aimables disciples d'Epicure, enfants gâtés de la muse gastronomique, pardonnez-moi un oubli involontaire. Je vais le réparer en vous donnant le genre de lumières que vous attendez de moi. Ceux d'entre vous qui ne peuvent se passer de bœuf, de veau, de beurre excellent, ne doivent pas aller dîner à Aix : le bœuf et le veau y sont rares et mauvais, et l'on n'y trouve que du beurre de brebis, d'une couleur pâle et d'un goût fade; mais il y a la meilleure huile que l'on connaisse, du mouton qui vaut celui de pré salé, du gibier renommé, des volailles inférieures à celles du Mans ou du pays de Caux, mais qui ont leur mérite quand on sait bien choisir les espèces et les engraisser convenablement. Et du poisson ? jamais on n'en manque : voulez-vous des sardines, des rougets, des soles, de l'esturgeon, du loup, du thon, des merlans, du turbot, de grasses anguilles de l'étang de Berre ? vous en avez à souhait. Pour les vins, outre qu'il est facile d'en tirer de Bourgogne et de Bordeaux, ceux du Rhône, de la Gaude et plusieurs autres, ont une sève appréciée des plus fins gourmets.

Après cette légère digression, qu'il me soit permis de reprendre le ton sérieux et de finir par où j'aurois dû peut-être commencer.

La ville d'Aix a joué de tout temps, dans l'histoire, un rôle important. Fondée 123 ans avant l'ère chrétienne par le consul C. Sextus Calvinius, elle fut, sous le nom d'*Aquæ Sex-*

tice, la première colonie romaine dans les Gaules. La célébrité de ses eaux thermales et le voisinage de Marseille ne tardèrent pas à la rendre l'une des plus florissantes : au démembrement de l'empire romain, elle subit le sort de toutes les provinces qui composoient ce vaste corps politique. Tour à tour la proie des Bourguignons, des Francs, des Normands et des Sarrazins, elle s'éclipsa dans la nuit générale que les siècles de barbarie étendirent sur l'Europe; mais ensuite reparoissant à la lumière, nous la voyons embellie par le séjour d'une cour brillante, où les comtes de Provence, tranquilles possesseurs de cette contrée, faisoient fleurir les arts de la paix, l'amour des lettres et de la galanterie, dont les Troubadours étoient le double modèle. Enfin, réunie à la couronne dans le quinzième siècle, par la mort de Charles III, comte du Maine, son dernier souverain, elle devint le siège d'un parlement, d'une cour souveraine ecclésiastique, d'une université et d'un hôtel des monnaies. Elle a perdu tous ces avantages et n'a conservé que ceux qu'il étoit impossible de lui enlever, un climat délicieux, une société composée d'hommes de mérite, chez qui l'instruction se joint à l'esprit, et de femmes aimables qui ne bornent pas aux charmes de la figure leurs moyens de plaire.

MONTAGNE DE SAINTE-VICTOIRE.

Pendant notre séjour à Aix, nous eûmes la fantaisie de gravir cette montagne dont nous n'appercevions que le côté occidental, coupé à pic et de la plus triste nudité. Le 12 de mars nous allâmes coucher au château de Vauvenargues, et le lendemain de grand matin, nous nous remîmes en route à la clarté de la lune : après deux heures de marche dans un sentier pierreux, nous atteignîmes la cime de Ste.-Victoire : le soleil, en montant sur l'horizon, nous découvrit une vaste perspective. Un de nos compagnons, qui connoissoit le pays, s'approcha de nous et prit plaisir à nous indiquer les diverses contrées exposées à nos regards. Tournez-vous, nous dit-il, du côté opposé au soleil levant : un peu à gauche, vous voyez la mer Méditerranée ; cette file de navires qui en sillonnent les flots, c'est un convoi qui se rend à Marseille ou qui en sort ; l'éloignement ne me permet pas de distinguer la route qu'il suit. Dans la même direction, mais à une moindre distance, vous appercevez l'étang de Berre, si abondant en poisson, si riche en sel ; à l'ouest, le désert de la Crau, couvert de cailloux roulés et de nombreux troupeaux. Dans cette plaine, qui s'étend à vos pieds, serpente la rivière d'Arc que Marius illustra jadis par la sanglante défaite des Teutons. Maintenant regardez à droite, et vous vous croirez transportés d'un climat dans un autre : voici le Verdon qui vient des environs de Colmar confondre ses eaux avec celles de la Durance. Sur les bords de cette fougueuse rivière, vous pouvez distinguer la ville de Pertuis, ancien domaine des comtes de Forcalquier, et les malheureux villages de Cadenet et de Mérindole, si cruellement incendiés dans les guerres de religion : au-delà s'élèvent, vers le comtat, les plus hautes montagnes de Provence, le mont Ventoux, presque toujours couronné de neiges, et le Léberon, dont la chaîne uniforme est une longue ramification des Alpes.

Après avoir considéré à loisir cette intéressante variété d'aspects et nous être réchauffés auprès d'une touffe de buis, à laquelle notre guide avoit mis le feu, nous allâmes voir le Garagail : on nomme ainsi une cavité profonde, ouvrage de la nature, qui ne présente de curieux que le roc entièrement percé à jour : nous examinâmes, chemin faisant, la superficie de la montagne. Des pierres calcaires, d'humbles genevriers, du buis, quelques brins de thim et de lavande, et dans le bas, de petits coins de terre ensemencés de seigle ou d'orge : voilà tout ce qui frappa nos yeux.

Nous retournâmes ensuite sur nos pas pour visiter un ancien couvent de Camaldules, bâti entre deux pointes de rochers qui l'abritent à l'orient et au couchant, mais le laissent exposé aux ardeurs du midi et aux vents glacés du nord. Les Camaldules ne purent résister à ce double inconvénient : ils furent remplacés par des hermites qui n'ont plus de successeurs. Le monastère abandonné tombe en ruine, et il n'y a pas d'apparence qu'on le relève jamais.

Nous descendîmes de Sainte-Victoire par le même sentier que nous avions pris pour y monter. Nous dînâmes à Vauvenargues, et nous revînmes à Aix dans la soirée, un peu fatigués, mais fort contents de notre excursion.

VILLE, PORT ET LAZARET DE MARSEILLE.

Nous comptions passer une semaine à Aix, nous y restâmes deux mois : tel était le charme qui nous y retenoit, qu'il nous fallût un effort de courage pour en triompher. La veille de notre départ, une pluie abondante avoit abattu la poussière et domté le mistral qui souffloit depuis plusieurs jours avec impétuosité. La campagne embellie par la tendre verdure des moissons, par le nouveau feuillage des arbres et par l'émail des premières fleurs du printemps, offroit un aspect délicieux. Nous saluâmes en passant les jardins d'Albertas, retraite chérie d'un ancien magistrat, à qui les lumières de l'expérience n'ont rien ôté de la gaîté du premier âge, et dont la maison est le rendez-vous de la jeunesse, accoutumée à trouver en lui un père et un ami. Deux lieues plus loin, nous remarquâmes le hameau désert de Septême, ainsi nommé d'un mille antique qui marquoit la distance de Marseille. Avant que cette ville eut perdu la franchise de son port, c'étoit là que la douane percevoit ses droits. Bientôt nous arrivâmes à la *Viste*, où nous jouîmes d'un spectacle digne d'enflammer le génie du peintre et l'enthousiasme de l'amant de la nature. Représentez-vous un bassin d'environ cinq lieues de circonférence, arrosé par les eaux limpides de l'Huveaune, couvert de jardins, avec dix mille bastides d'une blancheur éblouissante; au pied d'une colline qui la masque en partie, la ville de Marseille; en face et sur la gauche, un rempart d'arides montagnes qui repoussent la vue dans le vallon; à droite, le Cap couronne la mer et l'immensité. Si l'on est en voiture, il faut se hâter de jouir de ce tableau magique. A peine commence-t-on à descendre, tout disparoît, et l'on roule enfermé entre deux murs jusqu'aux portes de Marseille. Je ne connois pas de ville en France dont l'entrée soit aussi magnifique. Les rues d'Aix et de Rome, tirées au cordeau, bordées de larges trottoirs, séparées par un cours planté de deux rangs d'arbres, forment une avenue longue de près d'un mille. La circonstance dans laquelle nous la traversions, ajoutoit encore à la beauté du coup-d'œil. C'étoit le lendemain de Pâques ; elle étoit inondée d'une foule prodigieuse : chacun alloit, venoit, libre de soins et d'affaires, et sembloit n'avoir que la gaîté pour guide, que le plaisir pour but. Les femmes ne se distinguoient pas moins par l'élégance de leur parure que par l'éclat de leurs charmes. Je ne pouvois me lasser de regarder, d'admirer, de jouir ; j'étois enivré ; je respirois à longs traits l'air et le prestige de la volupté.

Nous descendîmes à l'hôtel de Beauveau, situé dans le quartier neuf. La fenêtre de ma chambre ouverte sur le port, m'offroit en perspective l'assemblage de deux cents navires réunis des quatre coins du monde, une épaisse forêt de mâts, et les pavillons flottants de toutes les nations.

Oublions un moment que nous sommes dans une brillante cité, pour nous souvenir qu'il en est peu d'aussi anciennes, et remontons au principe obscur du luxe qui nous environne.

La première année de la quarante-cinquième olympiade, cinq cent quatre-vingt-dix-neuf ans avant Jésus-Christ, une colonie de Phocéens commandée par Protis, aborda sur la côte où Marseille est bâtie. Protis envoya une députation au roi de la contrée, nommé Nanus, pour lui demander la permission de s'arrêter dans ses états. Ce prince étoit alors occupé du mariage de sa fille

Gyptis. Les grands du royaume, rassemblés autour d'elle, attendoient en silence qu'elle fît connoître son choix et nommât son époux, en lui présentant, suivant l'usage, une coupe pleine d'eau. Dans ce moment le chef des Phocéens arrive, suivi de ses principaux officiers. Sa beauté, sa noblesse, l'éclat de ses vêtements, attirent tous les regards. Gyptis elle-même en est frappée, et au grand étonnement du roi et de la cour, elle lui donne la coupe (1).

Protis, élevé sur le trône du sein de l'exil, et gendre d'un prince dont il imploroit naguères l'hospitalité, se montra digne de sa fortune par son courage et par sa prudence. Il obtint un emplacement sur lequel il jeta les fondements de Marseille ; et malgré les guerres sanglantes qu'elle eut à soutenir lorsque Nanus fut mort, la colonie prit un

---

(1) Justin.

essor rapide. Cinquante-sept ans après son établissement, Phocée étant tombée sous le joug des Perses, une partie de ses habitants vint s'y réunir : ils apportèrent avec eux les arts mécaniques alors connus, des instruments aratoires, des plantes étrangères, et ces lois si vantées dans l'antiquité pour leur profonde sagesse.

Placés sur les bords de la mer, les Marseillois tournèrent naturellement leurs vues du côté du commerce et de la navigation. Deux de leurs citoyens, Euthymène et Pythéas, se rendirent illustres dans cette dernière carrière. Le premier fit voile vers le sud, et parcourut les côtes occidentales d'Afrique jusqu'au-delà du Sénégal, cherchant peut-être à doubler le cap de Bonne-Espérance. Le second, après avoir passé le détroit de Gibraltar, remonta le long du Portugal, de l'Espagne et de la France, et bravant les régions glacées du Nord, alla jeter l'ancre devant l'île de Thulé, aujourd'hui l'Islande. Or ceci se passoit avant que les Romains, destinés à envahir cette cité florissante avec le reste du monde, eussent encore ni marine, ni aucunes notions astronomiques.

Ces expéditions savantes et les spéculations du commerce ne nuisoient pas à l'amour des lettres ; elles étoient en honneur et en crédit à Marseille. On y cultivoit à la fois l'éloquence, la poésie, la géographie, la médecine, les mathématiques. On peut juger de la perfection des arts par les médailles qui nous restent. Enfin, suivant le témoignage de Cicéron et de Pline, Marseille étoit l'Athènes des Gaules et la maîtresse des études.

Cet état prospère dura aussi long-temps que la république romaine. Lorsque César en eut détruit les principes, Marseille, après un siège fameux, dont on peut lire les détails dans les Commentaires du vainqueur et dans le poëme de Lucain, perdit avec son indépendance le droit d'élire ses magistrats. Soumise à la verge d'un préfet annuel, elle ne fit plus que décliner. Les vicissitudes que Rome éprouva sous les règnes passagers et désastreux de la plupart de ses empereurs, accélérèrent sa chute ; l'antique Marseille disparut au milieu des révolutions qui bouleversèrent l'Europe, et fit place à la moderne. Après avoir parcouru en imagination les beaux siècles de la première, donnons un coup-d'œil à la seconde.

Elle se divise en deux parties très distinctes : l'une ancienne, sale, mal bâtie, renferme une nombreuse population ; l'autre dont l'existence ne date que du dernier siècle, offre une architecture élégante, des rues spacieuses et bien alignées, des places décorées de fontaines, de colonnes de granit, ou d'obélisques, des promenades agréables. Le cours et le port en font la séparation. Ce dernier de forme oblongue, revêtu d'un quai qui sert de promenade, peut contenir six cents vaisseaux marchands. Ils y sont rangés suivant leur pavillon; chacun a sa place marquée, dans le choix de laquelle on consulte sagement les influences du climat. Les peuples du Nord, moins incommodés du froid, occupent l'entrée, où la température est plus inégale; les magasins du commerce, les rafineries de sucre, les fabriques de savon, bordent la gauche du port. A droite sont des boutiques et la *Loge*, ou maison commune, édifice de moyenne grandeur, où l'on remarque un escalier d'une structure légère et hardie, au milieu duquel figure la statue, armée de pied en cap, du marseillois Libertat, qui sauva autrefois la ville par sa valeur. La bourse se tient au rez de chaussée. Au-dessus du frontispice, règne une galerie saillante avec une balustrade en pierre. Le buste de Louis XIV a été enlevé de la façade. L'Ecu de France, ouvrage estimé du Pujet, s'y voit encore, mais les armes sont effacées.

Le port se ferme avec une chaîne, et s'ouvre tous les matins au bruit du canon. Il est défendu d'un côté par le fort Saint-Jean, et de l'autre par le fort Saint-Nicolas, ou la citadelle que les Marseillois, dans un moment de délire, ont presque rasée. Au-dessous on aperçoit les ruines de l'ancienne abbaye de Saint-Victor, dont il ne reste plus que l'église à moitié dégradée. Nous en visitâmes les souterrains, où les torches qui nous guidoient n'éclairèrent encore que des ruines. Derrière Saint-Victor, sur le sommet d'un stérile côteau, jadis revêtu de cette forêt sacrée qui inspiroit une frayeur religieuse aux légions romaines, paroît le misérable château de Notre-Dame de la Garde, confié aux armes émoussées de quelques soldats invalides.

Dans le lointain, on découvre trois îles incultes, If, Ratonneau et Pomègue, situées à peu de distance l'une de l'autre. La première contient une prison d'état, la seconde un fort avec un détachement pour écarter les pavillons ennemis ; la troisième présente diverses rades aux vaisseaux qui arrivent du Levant. La patente du capitaine, visée par le consul de sa nation, détermine celle où son bâtiment doit séjourner. On distingue trois patentes, l'une nette, l'autre touchée, et la dernière brute, suivant que le bâtiment vient d'une ville exempte, soupçonnée ou attaquée de la peste. Le capitaine monte dans son canot et se rend à la Consigne, bureau de surveillance établi à l'entrée du port. Là, d'après les termes de sa patente, on décide la place que son navire doit occuper. Il reste en rade à Pomègue, et le capitaine, les passagers et la cargaison vont faire leur quarantaine au Lazareth. La quarantaine n'est pas toujours, comme le mot semble l'indiquer, un espace de quarante jours ; sa durée dépend beaucoup de la nature de la patente, et des accidents qui surviennent dans le cours de l'épreuve.

Le Lazareth de Marseille est le plus vaste et le mieux administré qui existe. Au retour de l'expédition d'Égypte, il reçut une armée entière. Les hommes logent dans des bâtiments isolés; les marchandises sont exposées sous des hangars à l'action de l'air, qui suffit seule pour dissiper les miasmes pestilentiels. Une double muraille l'environne extérieurement; c'est une seconde ville tout à fait étrangère à la première. On y exerce une discipline sévère pour empêcher la fréquentation des personnes qui l'habitent; car l'expérience a démontré que la peste ne se communique que par le contact. L'imprudent qui toucheroit un nouveau débarqué, fût-il au bout de sa quarantaine, seroit obligé de la recommencer.

Lorsqu'un malade appelle un médecin à

son secours, il se déshabille en sa présence ; le médecin l'examine sans le toucher : s'il découvre sur son corps quelques symptômes fâcheux, ou s'il juge seulement qu'il ait besoin d'être saigné, on cherche un chirurgien qui pour un certain salaire consente à lui consacrer ses soins, et à subir pendant le même temps que lui la perte de sa liberté. On a jusqu'à présent essayé sans succès divers remèdes contre la peste. Quand un malheureux en meurt, on brûle aussitôt son cadavre avec de la chaux vive.

Nous avions grande envie de connoître par nous-mêmes la distribution et le régime intérieur du Lazareth ; mais nous ne pûmes pénétrer au-delà de la première porte. Il est cependant possible d'aller un peu plus loin, lorsqu'on appuie sa demande sur des raisons plausibles. On ne refuse pas à un parent, à un ami, le plaisir de voir la personne qui l'intéresse ; mais il faut qu'il lui parle à travers une grille.

En contemplant cette enceinte qui recèle si souvent le plus terrible des fléaux, on ne peut se défendre d'un sentiment d'inquiétude, et si l'on s'en approche par un mouvement de curiosité, un mouvement de crainte en repousse aussitôt.

Nous rentrâmes dans Marseille, et nous en parcourûmes les différents quartiers pour voir si les détails répondoient à l'ensemble ; mais l'impression que nous avions éprouvée au premier aspect, s'affoiblit beaucoup par un examen plus attentif. Qui croiroit en effet que dans une ville où les beaux-arts fleurirent jadis avec tant d'éclat, il n'existe plus un seul monument antique, un seul débris échappé aux injures des siècles ?

Parmi les édifices modernes, il en est peu d'importants : des églises gothiques de Notre-Dame de la Major, et des Acoules, bâties sur les ruines des temples de Diane et de Pallas, l'une est détruite, l'autre tombe en décadence ; celle des Chartreux située hors de la ville, est abandonnée comme beaucoup d'autres.

L'observatoire assez bien pourvu d'instruments astronomiques, n'est qu'une maison élevée, d'où l'œil s'étend au loin sur la campagne et sur la mer.

Le musée renferme les tombeaux enlevés à l'abbaye de Saint-Victor, quelques légers fragments de sculpture grecque et plusieurs bons tableaux; celui que nous distinguâmes plus particulièrement représente la peste de Marseille en 1720. Toutes les horreurs de cette fatale maladie y sont exprimées avec une effrayante vérité : si elles y étoient seules, le regard s'en détourneroit à l'instant; l'artiste a su l'attirer et le fixer, en montrant au milieu de cette foule de morts et de mourants, le courage tranquille du gouverneur, des commissaires de quartier, le dévoûment héroïque de l'évêque, des prêtres, des cénobites, les soins empressés de l'amitié, de l'amour, de la tendresse maternelle, le zèle des forçats qui bravent la mort pour recouvrer la liberté. Dans un seul tableau, il a placé vingt scènes qui remplissent l'âme d'émotions douces ou déchirantes.

Une multitude innombrable de maisons de plaisance embellit les environs de Marseille : aucune n'égale en magnificence celle de Bonneveine : les Borelli dont elle est l'ouvrage, l'ont enrichie d'une collection de tableaux des meilleurs maîtres, de canopes d'Egypte, des plus beaux vases de la Chine et du Japon : l'Huveaune en arrose les jardins et se jette à l'extrémité dans la mer ; à quelque distance est la Madrague (1) de Montredon, et la grotte de Roland renommée pour ses stalactites.

Sur le chemin de Bonneveine se trouve la

---

(1) On appelle madrague une pêcherie de thon. Il y en a un grand nombre sur les côtes de la Méditerranée.

petite Bastide de Belombre, qui ne mériteroit pas d'être remarquée, si une mère que sa tendresse pour sa fille a rendue immortelle, n'eût écrit de là quelques-unes de ses lettres.

VAUX D'OLLIOULES. — PORT DE TOULON. — GALÉRIENS.

En quittant Marseille nous suivîmes quelque temps les rives de l'Huveaune, bordées de massifs d'arbres, de prairies et de terres soigneusement cultivées : l'industrie se plaît à varier les productions et les entremêle avec une constante régularité. On croit voir des jardins divisés en platte-bandes uniformes, alternativement couvertes de vignes, de grains et de légumes. Nous traversâmes, sans nous y arrêter, la petite ville d'Aubagne, et nous gravîmes ensuite la côte aride et escarpée de Cujes.

La route de Marseille à Toulon offre sans cesse les plus singuliers contrastes, des montagnes incultes et des vallons fertiles; mais il n'y en a point de plus surprenant que celui des Vaux d'Ollioules : pendant une demi-heure, on tourne le long d'un torrent, dans un chemin étroit, entre des rochers de forme bizarre, tantôt taillés en murailles perpendiculaires, en tours massives, en longues pyramides, tantôt comme désunis par un tremblement de terre et confusément épars; pas un arbre, pas une plante ne recrée la vue : c'est la stérilité et le cahos.

Tout à coup on passe de ce sauvage labyrinthe dans un site charmant, semé d'habitations qui composent le village d'Ollioules: de hautes collines, dont la cime est couronnée de bois et la pente enrichie de tous les trésors de l'agriculture, y concentrent les rayons du soleil, et en font une espèce de serre chaude pour les arbres délicats et frileux : c'est là que nous vîmes, pour la première fois, des orangers en pleine terre, quoiqu'on ait coutume d'en peupler toute la Provence. Ollioules doit même à sa position cette faveur de la nature : la plaine qui vient ensuite n'est ombragée que d'une forêt d'oliviers. Sur les bords de la mer qui la termine vers le sud, on aperçoit Toulon.

Cette ville est entourée d'une double enceinte de murs et dominée par plusieurs forteresses destinées à la défendre du côté de l'Italie, de l'attaque des troupes de terre, et à protéger son port contre les flottes ennemies. Le fort Lamalgue remplit ces deux objets. Ceux de Sainte-Catherine, d'Artigues, de Pharon et la redoute de même nom, disposés en amphithéâtre, les uns au-dessus des autres, ne servent qu'au premier usage.

Une chaîne de montagnes, qui attriste la vue par la monotonie de ses sommités grisâtres, préserve Toulon, pendant l'hiver, du souffle glacé du nord; mais elle y cause, en été, une chaleur insupportable, par la réverbération des feux du midi : les sources abondantes qui s'en échappent viennent embellir les places de nombreuses fontaines ; cette ressource, trop foible contre les ardeurs de l'atmosphère, devroit suffire pour la propreté ; cependant il s'en faut de beaucoup qu'elle règne dans les rues. On ne prend nul soin d'entretenir les boulevards, promenade ordinaire des habitants ; et la ville, quoique assez bien bâtie, est en général sombre et triste.

Grâce à l'infatigable ciseau du Pujet, qui a semé en tant de lieux ses chefs-d'œuvre et sa gloire, on y trouve quelques morceaux précieux de sculpture : les curieux ne manquent pas d'aller voir dans la cathédrale deux séraphins dont il a décoré la chapelle du Saint Sacrement ; ils s'arrêtent sur le quai du port, devant les termes qui soutiennent le balcon de l'hôtel de ville : l'attitude et l'expression en sont admirables ; ils ont la tête péniblement courbée sur le sein, et la contorsion de leurs traits, de tous leurs muscles, peint d'une manière énergique la douleur qu'ils éprouvent sous le poids qui les accable. On raconte que Pujet, ayant à se plaindre de deux consuls, les représenta dans ces termes avec tant de vérité, qu'ils n'osoient plus passer sur le quai, de peur d'y rencontrer leur image.

Il n'est point de ville que la révolution ait plus maltraitée que Toulon. Lorsque les Anglais, contents de la destruction de notre flotte, l'eurent abandonnée, toutes les horreurs de la vengeance y signalèrent l'entrée des vainqueurs. Deux bourreaux, qui s'intituloient représentants du peuple, ordonnoient et dirigeoient le carnage: la plupart des bons citoyens s'expatrièrent alors, et ceux qui ne purent trouver leur salut dans la fuite, tombèrent sous les coups redoublés du fer ou de la foudre.

Toulon, inondé de sang et changé en un désert, s'est repeuplé depuis d'une nouvelle colonie, ramas d'aventuriers et de vile populace. Les seuls objets d'intérêt qui puissent y retenir un voyageur, sont le port et l'arsenal. Nous fûmes assez heureux pour faire connoissance avec un ingénieur aussi complaisant qu'habile, qui voulut bien se prêter à notre ignorance et l'éclairer de ses lumières : je tiens de lui la plupart des détails suivants.

On distingue deux ports à Toulon : celui du commerce ou l'ancienne Darse, celui de la marine ou la nouvelle Darse. Il y a pareillement deux rades, la petite et la grande : l'entrée de la seconde dans la première est défendue d'un côté par le fort de l'Eguillette, et de l'autre par la grande tour.

Le port du commerce, de forme quarrée, est bordé d'un quai qui s'étend le long de la ville ; il sert aux bâtiments marchands, aux vaisseaux de guerre désarmés, et se joint par le moyen d'un canal à la nouvelle Darse.

Celle-ci, de figure irrégulière, est comprise dans l'enceinte de l'arsenal et communique à la mer par une ouverture particulière : on y admire l'heureuse réunion de tous les arts nécessaires à la marine. Charpentier, menuisier, tonnelier, forgeron, sculpteur, chacun a son atelier : c'est ici que l'on construit les vaisseaux, qu'on les radoube, qu'on les pourvoit d'agrès et de munitions.

Dans un bâtiment long de deux cents toises, élevé par Vauban, et qu'on appelle la Corderie, travaille un nombreux essaim d'ouvriers ; les uns peignent le chanvre, les autres le filent, ceux-ci le goudronnent, ceux-là le transforment en cables.

Veut-on considérer en petit toutes les merveilles des constructions navales ? le cabinet des modèles en offre une image complète : canots, corvettes, frégates, vaisseaux de ligne, bassin de radoub, machines pour la mâture, pour le curage, rien n'y manque ; et l'observateur, embrassant tous les objets d'un coup-d'œil, y peut étudier l'architecture compliquée d'un vaisseau avec plus de facilité que dans le vaisseau même. Pour en connoître les diverses parties, il faut apprendre une langue nouvelle : l'ingénieur qui nous servoit de guide se plut à nous en donner les premiers éléments.

Il nous fit parcourir un vaisseau de ligne de la poupe à la proue, toujours décorée d'une figure emblématique : il nous enseigna à distinguer le bâbord du tribord, c'est-à-dire la droite de la gauche. Il nous fit voir la chambre du capitaine, la dunette qui règne au-dessus, les bastingages établis sur les bords du vaisseau; au-dessous, les gaillards d'avant et d'arrière garnis de canons ; entre deux un vaste quarré, le passavant. Regardez, nous dit-il, ces grands arbres plantés sur une même ligne ; le premier qui s'incline vers la proue, et le seul dont la direction ne soit pas verticale, c'est le beaupré ; après lui viennent le mât de misaine, le grand mât, et le mât d'artimon ; ces planchers de diverses grandeurs, placés par étage autour des trois derniers, sont les hunes ; les mâts de misaine et d'artimon, au premier étage, ajoutent à leur nom celui de leur hune ; au second, ils prennent celui de perruche ; et le grand mât, ceux de grand et de petit perroquet. On appelle vergues, ces longues pièces de bois suspendues aux mâts ; elles portent les voiles, qui se déploient ou se serrent à volonté, et qui ont chacune une dénomination particulière : il y a le grand et le petit hunier, les bonnettes, etc. Voyez-vous ces larges échelles de corde qu'on appelle haubans et ces petites traverses qu'on nomme enfissures, c'est par cette route hardie que le matelot s'élance du pont au faîte des mâts.

Autour du vaisseau sont attachées les ancres ordinaires; au milieu repose celle qui réveille l'idée du plus affreux danger, de la mort, l'ancre d'espérance ou de miséricorde.

Quand notre guide nous eut ainsi expliqué la partie du vaisseau qui est à découvert, il nous en fit connoître la distribution intérieure. Il nous montra les chambres des officiers, leur cuisine, celle de l'équipage, le four commun, les ponts où sont rangés les canons, les ouvertures, ou sabords, par lesquelles s'échappe la foudre, les différents magasins pour les vivres et pour les munitions, et le jeu du gouvernail et des pompes.

Nous allâmes ensuite examiner le bassin de radoub. La première idée de ce bel ouvrage, qui suffiroit pour immortaliser l'ingénieur Groguard, est due à l'inspiration d'un simple ouvrier: ainsi souvent le feu du génie s'allume d'une étincelle produite par le hasard.

Dans les ports de l'Océan, la construction et l'usage des bassins de radoub ne présentent aucune difficulté. Par le moyen du flux et reflux, ils se remplissent et se vident deux fois le jour ; mais dans la Méditerranée, où ce phénomène est inconnu, ou du moins peu sensible, il faut que l'art supplée à la nature. On a construit une caisse de trois cents pieds de long, et de cent de large, et sur cette caisse un bassin en pierres de taille, propre à recevoir un vaisseau. La caisse, devenue plus pesante que l'eau, est descendue au fond, où elle a pris une assiette solide. Pour fermer le bassin, on emploie un bateau qu'on charge de fer ; il s'enfonce, et ses extrémités s'engrainent dans des rainures pratiquées exprès. Lorsqu'on veut radouber un vaisseau, vingt-huit pompes à chapelet, placées à l'extrémité supérieure du bassin, le mettent à sec en un jour. On le nétoie. Le bateau, soulagé de son poids, s'enlève et s'écarte. Le vaisseau entre ; on referme le bassin ; le jeu des pompes recommence pour le vider une seconde fois. Les réparations faites, on r'ouvre la porte, et le vaisseau s'en va braver de nouveau le caprice des éléments et les hasards de la guerre.

Les galériens sont chargés de la plus grande partie des travaux du port. Ces misérables, au nombre de trois à quatre mille, repoussent la vue par leur saleté, et par l'empreinte du vice ou de la scélératesse qu'ils portent sur leur front. Ils sont pour la plupart attachés deux à deux ; leurs chaînes ne les quittent ni jour ni nuit. Un pantalon de toile, une méchante casaque rouge ou brune, avec ces lettres initiales *Gal.*, un bonnet de laine couvert d'une plaque d'étain numérotée, voilà leur uniforme.

On les divise en deux classes. Les suspects, qui par la nature de leurs délits inspirent une méfiance particulière, sont gardés à vue sur les galères, d'où ils ne sortent que dans les cas où l'on a un besoin pressant de leurs bras. On les occupe intérieurement, et sans aucune rétribution, à préparer de l'étoupe pour le calfatage des vaisseaux.

La seconde classe se compose de ceux dont les notes sont moins graves. Voici la discipline à laquelle ils sont assujettis :

Tous les matins, une demi-heure après que la journée des ouvriers ordinaires est commencée, on les mène au travail. Ceux qui savent un métier utile pour la marine, touchent la moitié du salaire des gens libres ; les autres ne gagnent qu'une chopine de vin par repas. Leur nourriture commune et invariable en santé, est du pain et des fèves. Lorsqu'ils tombent malades, on ne leur refuse aucun des soins que l'humanité réclame. La justice qui les punit est sévère, mais non barbare ; en les condamnant à souffrir, elle veille à leur conservation.

Ils obéissent pendant le travail à un capitaine d'escadre, accompagné de deux soldats nommés *pertisonniers*. Au bagne et sur les galères, ils sont sous la surveillance des argousins et sous la discipline des comités. Ceux-ci, en cas de délit, font leur rapport au commissaire de marine chargé des chiourmes, qui décide de la punition à infliger aux délinquants.

Quand on s'aperçoit de l'évasion d'un galérien, trois coups de canon donnent l'alarme aux habitants de la ville et des campagnes. Il y a une récompense déterminée pour celui qui le ramène. Le fugitif reçoit la bastonnade, et la durée de son esclavage est doublée.

Sur la fin du jour, une demi-heure après la retraite des ouvriers, on fait l'appel général des galériens; on les reconduit ensuite dans leur bagne; les portes se ferment, et la garde s'en empare.

Beaucoup d'entr'eux ne sont exclus de la société que pour un certain temps. S'ils ont perdu l'honneur sans retour, ils doivent recouvrer la liberté : mais qu'il est difficile qu'elle ne leur redevienne pas funeste! Comment sortir honnête de l'école du vice et du crime?

L'institution des galères, telle qu'elle est établie, me semble impolitique et immorale. Elle flétrit, elle dégrade le coupable; et loin de le corriger, elle le rend plus méchant, plus corrompu qu'elle ne l'a pris. Quand ses chaînes sont brisées, quelle garantie peut-il donner d'une meilleure conduite? le besoin de l'estime publique? ce noble sentiment n'entra jamais dans un cœur avili; la crainte d'un nouveau châtiment? mais celui qu'il vient de subir est moins pour lui une leçon d'honneur et de probité, qu'un conseil de prudence et d'adresse.

Il faut donc désormais l'envisager isolément; car il forme à lui seul une classe à part. Etranger au milieu de la société, dont il a encouru la vengeance et le mépris, il vit avec elle en état de guerre; jamais son intérêt particulier ne se rattache à l'intérêt général : c'est dès-lors un être éminemment dangereux; et si l'œil du magistrat ne veille sans cesse sur ses pas, la justice sera bientôt réduite à le frapper une seconde fois.

Mais, dira-t-on, le principal but des galères étant de substituer à la mort un châtiment exemplaire, enverrez-vous à l'échafaud tous les criminels dont elles conservoient les jours, et priverez-vous l'état de l'utile secours de leurs bras? A Dieu ne plaise que ce soit là ma pensée! Mais je voudrois que cette peine avilissante qu'on applique sans distinction à un grand nombre de délits différents, fût réservée pour quelques-uns des plus graves, et qu'elle embrassât la durée entière de la vie.

HYÈRES. — FRÉJUS.

Quand on voyage pour son plaisir et pour son instruction, on s'écarte souvent à droite, à gauche, suivant que l'occasion y invite; c'est ce que nous fîmes en allant de Toulon à Nice. Dès que nous eûmes passé le bourg de la Vallette, nous quittâmes la grande route et nous prîmes le chemin d'Hyères. Ce petit coin de terre, connu dans toute l'Europe par la douceur de sa température et par son admirable fertilité, méritoit bien un léger détour. Avant d'y arriver, nous traversâmes une plaine délicieuse, parée de tous les charmes du printemps. L'épi récemment sorti de son enveloppe, se balançoit sur sa tige au gré du zéphyr; la vigne déployoit son feuillage et ses grappes, doux espoir des vendanges; des haies d'aubépine fleurie et de grenadiers sauvages, bordoient le chemin; la rose, le lilas, le thym embaumoient l'air de leurs parfums; et la verdure renaissante du figuier, du mûrier, du pêcher, de l'amandier contrastoit avec l'éternelle pâleur de l'olivier.

Nous fîmes à Hyères un dîner simple, mais exquis, uniquement composé des productions du pays, qui étoient déjà depuis long-temps celles de la saison, de petits pois, de fèves de marais, d'asperges et de fraises. Après ce repas champêtre, nous allâmes visiter les bosquets d'orangers, principale richesse et ornement d'Hyères. L'époque n'étoit pas favorable pour les voir dans toute leur beauté; la récolte des fruits étoit faite, et les fleurs qui en promettoient de nouveaux, commençoient à peine d'éclore. Cependant quelques arbres qu'on n'avoit pas encore dépouillés, nous donnèrent une idée du coup-d'œil dont nous aurions joui dans un autre temps; leurs rameaux, courbés sous le poids d'innombrables boules d'or, rappelèrent à notre imagination les fabuleux trésors du jardin des Hespérides.

L'oranger que la nature enrichit de si beaux fruits, n'exige guères plus de soins qu'un arbre ordinaire ; il suffit de fumer chaque année la terre qui en entoure le pied, et d'y donner une façon. Vers le mois d'octobre ou de mars, on le soulage du bois superflu qui épuiseroit inutilement sa sève. Il ne produit qu'au bout de sept à huit ans. La récolte des oranges se fait à la fin de novembre, lorsque l'écorce commence à se couvrir d'un petit rond jaune. Elles ne sont pas mûres alors; mais comme la plus grande partie s'envoie dans le Nord, on est obligé de les cueillir à moitié vertes, afin qu'elles se conservent. Celles que les propriétaires réservent pour eux, restent sur l'arbre, où elles se gardent un an entier, sans autre inconvénient que de perdre momentanément leur suc et leur parfum pendant la sève. Ainsi il n'est point extraordinaire de trouver sur la même branche des fruits mûrs et des fruits verts. La floraison de l'oranger a lieu dans le mois de mai ; lorsqu'elle est sur le point de se passer, on étend un drap sous l'arbre, on le secoue doucement ; les pétales se détachent, et l'on obtient la fleur sans nuire au fruit.

Outre l'oranger, le citronier et le grenadier, nous vîmes dans quelques jardins des palmiers dont la tige élancée en longue colonne, étoit couronnée de grappes jaunâtres. On a essayé depuis peu, avec succès, la culture du cotonnier ; celle de la canne à sucre n'est plus qu'un objet de curiosité.

La température d'Hyères, si propre à la végétation des plantes exotiques, convient également aux constitutions délicates, sans être néanmoins aussi saine qu'on pourroit le désirer. Il y a dans le voisinage, des eaux stagnantes dont les exhalaisons altèrent la pureté de l'air, surtout pendant l'été. On avoit commencé à creuser le canal du Ceinturon pour les faire écouler dans la mer; mais les travaux sont interrompus depuis un siècle.

La ville d'Hyères, peuplée d'environ quatre mille habitants, s'étend sur le penchant d'un côteau escarpé. Du sommet, on aperçoit à droite la rade et le port de Toulon; à gauche, de nombreux vallons qui se croisent en divers sens; en face, une plaine qui descend en pente douce jusqu'à la mer, du sein de laquelle s'élèvent sur une même ligne transversale les îles désertes et presqu'incultes du Levant, de Porquerolles et de Portecros, connues des anciens sous le nom de *Stœcades*.

Notre guide nous fit remarquer, près du rivage, sur un monticule isolé, l'Hermitage de la Vierge, placé, pour ainsi dire, entre la terre et le ciel. Je ne serois pas supris que Massillon, dans sa jeunesse, y eût été rêver sur le néant de la vie, sur les vanités du monde et sur les beautés sublimes de la religion; qu'il eût ainsi épuré son imagination de toute idée terrestre, et fécondé son génie par de mélancoliques et pieuses méditations. On sait qu'Hyères est la patrie de cet orateur, le plus éloquent, le plus pathétique qui jamais ait fait retentir dans la chaire chrétienne la parole de vérité. Aucun n'a réuni au même degré la connoissance du cœur humain et le talent de l'élocution. Obligé par devoir à tenir un triste langage, il sait le revêtir des couleurs les plus séduisantes. La morale austère de l'évangile s'embellit sous sa plume des grâces du style et des charmes du sentiment, et ses immortels ouvrages ont la douceur et la beauté du climat qui le vit naître.

J'aurois désiré faire quelque séjour dans ce paradis terrestre; mais en cédant au seul attrait du plaisir, nous n'aurions rempli qu'à moitié le but de notre voyage. Nous résolûmes en conséquence de repartir le lendemain, qui étoit le premier mai : un rossignol, caché dans un oranger touffu, m'éveilla dès la pointe du jour; je me levai, et j'ouvris ma fenêtre afin de mieux entendre cet aimable musicien (1). Son gosier harmonieux et flexible prenoit successivement tous les tons, comme pour exprimer les diverses sensations dont il étoit agité, ou peut-être seulement

---

(1) Philomela sensu delicato nobilis
  Inflat canorum guttur, et ad omnes modos
  Intendit : acrem nunc et argutam vibrat
  Animosa vocem more clangentis tubæ.
  Nunc languida premit, frangit, obscurat sonos
  Et deficere videtur, et quosdam intimos
  Spirare amores ultimis singultibus.

DESBILLONS, Fab. VI.

pour montrer le talent merveilleux dont l'a doué la nature. Tantôt plein de force et d'ardeur, il élançoit dans les airs des sons éclatants, semblables à ceux de la trompette; tantôt languissant et plaintif, il entrecoupoit son chant de cris douloureux : on eût dit qu'il tomboit en défaillance, et que consumé d'une flamme secrète, il exhaloit en gémissant les derniers soupirs.

Cette variété ravissante de modulations et l'agréable parfum des orangers que m'apportoit un vent frais qui souffloit de la mer, plongèrent tous mes sens dans une douce ivresse. Déjà la nuit avoit entièrement replié ses voiles, et le soleil, sortant du sein des ondes, coloroit de pourpre l'amas de vapeurs qui flottoit devant son disque : terre enchantée, m'écriai-je, reçois mes adieux ! bientôt je ne te verrai plus ; tu vas disparoître à mes yeux ainsi qu'une ombre légère, et l'instant de bonheur dont tu m'as fait jouir ne sera plus qu'un songe. Ah! du moins puisse-t-il ne pas s'évanouir sans retour!

Tandis que mon âme s'abandonnoit à ces touchantes émotions, l'heure du départ étoit arrivée : j'entendis la voix de mes compagnons qui m'appeloient, je me hâtai de les joindre. Nous fîmes plus d'une lieue dans des chemins détestables, avant de retrouver la grande route. Un long aqueduc, qui commence au village de la Crau et porte une onde pure aux habitants d'Hyères, fut le seul objet qui excita notre curiosité jusqu'à Souliers. Cette petite ville, et celles de Cuers et de Pignan qui viennent ensuite, ne sont remarquables que par la saleté de leurs rues remplies de fumier : rien de plus uniforme que l'aspect de la campagne; on marche sans cesse au milieu de forêts d'oliviers qui couvrent une large vallée et les flancs des collines. Nous couchâmes au Luc, et le jour suivant nous passâmes par les villages de

Vidauban et du Muy pour gagner Fréjus. Le sol nous parut moins riche que la veille; l'olivier devenoit à chaque instant plus rare, et le stérile pin descendu du sommet des montagnes, usurpoit son domaine. La terre, à en juger par la simple apparence, étoit dure et compacte : il faut au contraire qu'elle soit très meuble, puisque deux ânes d'une taille moyenne suffisent pour une charrue : à la vérité la charrue des provinces méridionales est fort légère : ce n'est qu'un petit soc attaché à une pièce de bois, avec une poignée pour le diriger.

Avant d'entrer à Fréjus, nous descendîmes de voiture pour examiner les arènes qui sont sur le bord du chemin. Elles ont, dans une moindre proportion, la même forme que celles de Nîmes ; mais il s'en faut de beaucoup qu'elles soient aussi bien conservées. La plus grande partie des arcades est tombée et le reste menacé d'une chute prochaine.

Le lierre tapisse ces décombres de son verd feuillage ; des figuiers ont pris racine dans les fentes ; le bled, la vigne croissent autour, et dans l'enceinte croupit une eau fétide.

A peu de distance de l'amphithéâtre est la ville, entourée de vieux remparts, mal bâtie, à moitié déserte : sa population ne s'élève pas au-dessus de deux mille âmes, et l'insalubrité de l'air qu'on y respire en diminue sans cesse le nombre. Quelle différence entre cette misérable bourgade et cette cité florissante restaurée par César, embellie par Auguste ! Les barbares du midi ont détruit l'ouvrage des empereurs de Rome : de quelque côté qu'on porte ses pas, on ne rencontre que des ruines. Ce port, de trois cents toises de long sur cent quatre-vingts de large, éclairé par un phare, défendu des vents du nord-ouest par un môle flanqué de tours, et des ensablements de la rivière d'Argens par une longue muraille, n'est plus qu'une plage marécageuse. La mer s'est retirée à près d'une demi-lieue ; avec elle ont fui le commerce, l'abondance et la santé : des eaux stagnantes remplissent une grande partie de l'enceinte qu'elle occupoit, et répandent à l'entour des germes de fièvre et de mort.

La porte dorée, construite en grès cimenté avec de la pozzolane et située en face du port, subsiste encore ; mais elle ne mérite plus son nom : elle ne voit plus passer les tributs de la mer et les richesses des contrées lointaines ; de vastes magasins, placés dans le voisinage, sont couverts d'oliviers. Des monceaux de débris, d'épaisses touffes de plantes et d'arbustes en défendent l'entrée : on peut cependant y pénétrer à l'aide d'une échelle, par une ancienne ouverture pratiquée au milieu de la voûte.

De l'autre côté du port, à un quart de lieue de la ville, derrière une métairie, on trouve les restes du Panthéon : c'étoit un petit temple de forme circulaire. Un pan de mur avec des fenêtres, des niches pour des idoles ou des ustensiles, voilà tout ce que le temps a respecté : au centre, on vient de découvrir en creusant un bassin de même forme que le temple; et sur la circonférence d'autres bassins moins grands, mais plus profonds : on ignore quelle en étoit la destination.

Après avoir erré dans les environs de la ville, je la traversai pour voir la cathédrale, édifice sombre et de mauvais goût, et je retournai aux arènes : je m'assis sur un gradin revêtu de gazon. L'astre du jour venoit de disparoître sous l'horizon. Je me représentai les jeux de ces Romains si vantés pour leur urbanité ; je crus entendre les rugissements des lions, les cris de leurs victimes et les applaudissements des spectateurs. Je frémis d'horreur et je regagnai la ville à pas lents : ces sanglantes images s'effacèrent peu à peu de mon imagination et firent place à d'autres pensées. Je foulois une terre pleine de grands souvenirs : c'étoit par-là que César avoit passé pour aller assiéger Marseille, lorsqu'il disputoit à Pompée le sceptre du monde; c'étoit là qu'avoit reçu le jour le vainqueur des Bretons, le sage Agricola, obligé, sous un maître jaloux et cruel, de cacher dans la retraite le dangereux éclat de ses victoires; enfin c'étoit là, qu'encore obscur, quoique déjà sexagenaire, languissoit au commencement du dernier siècle ce prélat pacifique, qui devoit être le précepteur du jeune héritier de Louis XIV, et pendant près de vingt ans, l'arbitre suprême des destinées de la France.

CANNES. — ILES SAINTE-MARGUERITE ET SAINT-HONORAT. — ANTIBES. — ARRIVÉE A NICE.

En sortant de Fréjus, nous vîmes les restes de l'aqueduc qui amenoit de quinze lieues, dans ses murs, les eaux de la Siagne : les arcades destinées à le soutenir s'élevoient ou s'abaissoient suivant l'inégalité du terrain : quelques-unes sont encore entières et semblent ne rester debout, qu'afin d'attester à toutes les générations la grandeur d'un peuple, qui créa pour une petite colonie cet ouvrage immense.

Une lieue plus loin, nous commençâmes à gravir une montagne escarpée, nommée l'Esterel : c'étoit jadis un passage périlleux.

Les voleurs, connus dans le pays sous la dénomination de *Barbets*, y trouvoient toutes les facilités pour commettre leurs brigandages et se dérober ensuite au châtiment : aujourd'hui que cette race est détruite, on franchit l'Esterel sans danger, mais non pas sans ennui. Le triste chemin ! pendant six mortelles heures on monte, on descend, on remonte, on descend encore ; mais si vous aimez l'histoire naturelle, la montagne de l'Esterel a de quoi vous distraire ; elle vous présente une grande quantité de porphire, du mica, du pétrosilex, des forêts de pins entremêlés d'arbousiers, de citises, d'épines-vinettes. La scène d'ailleurs n'est pas tout à fait dépourvue de variété ; l'horizon s'étend et se resserre tour à tour ; tantôt la vue est bornée de chaque côté par des obstacles insurmontables ; tantôt elle se promène librement sur des monticules détachés de la masse principale et séparés par des gorges profondes; quelquefois, au moment où l'on s'y attend le moins, la mer se montre dans le lointain; mais passer une demi-journée sans rencontrer d'autre habitation qu'une mauvaise auberge, au milieu du morne silence de la plus sauvage solitude, ce n'est pas, malgré la diversité des aspects, une chose fort amusante; et tout le monde conçoit, avec quel plaisir nous nous trouvâmes dans une plaine fertile. Les productions qui frappèrent nos yeux étoient les mêmes que celles auxquelles nous étions accoutumés depuis plusieurs jours, cependant elles nous parurent nouvelles. Nous traversâmes la Siagne, qui se jette près de là dans la mer, et laissant à notre droite le village de la Napoule, nous reconnûmes les lieux où, soixante-neuf ans après l'ère chrétienne, Othon remporta deux victoires en un jour sur le sanguinaire Vitellius.

Arrivés à Cannes, au lieu d'aller coucher à Antibes, comme nous en avions d'abord le projet, nous résolûmes de visiter deux îles célèbres et voisines du rivage ; nous prîmes une chaloupe qui nous porta, en moins d'une heure, à la plus petite nommée Lérins ou Saint-Honorat : elle n'a que sept cents toises de long sur une largeur fort inégale. Une partie seulement est cultivée ; le reste ne produit que des pins, des sumacs et des lentisques. La feuille de ces derniers arbustes, séchée et pulvérisée, s'emploie utilement dans la préparation des cuirs, auxquels elle donne une couleur verdâtre.

L'île de Saint-Honorat étoit habitée dès le temps des Romains ; ils y entretenoient une garnison. On y voit encore trois colonnes de porphire très bien conservées, que l'on croit les débris d'un temple. Les cérémonies du paganisme y firent place au culte du vrai Dieu. De pieux cénobites, de généreux martyrs de la foi illustrèrent de leurs vertus ou purifièrent de leur sang cette terre profane qui, par une nouvelle révolution, est devenue la propriété d'une comédienne (1). Le monastère, bâti par saint Honoré, vers le milieu du douzième siècle, n'a éprouvé aucune dégradation. Les flots de la mer en baignent les murs; il ressemble à une forteresse, et c'en est une aujourd'hui. Les cellules des moines sont occupées par des soldats ; l'antique sanctuaire de la méditation retentit souvent de cris de guerre, et des instruments de mort hérissent les rivages d'une île jadis consacrée à la paix. L'église située à quelque distance du monastère, ne sera plus bientôt qu'un monceau de décombres : elle est déjà à moitié démolie. Nous remarquâmes tout auprès un puits d'eau douce qui ne tarit jamais. Une inscription latine célèbre en beaux vers ce phénomène, qui s'explique aisément par les lois de la physique.

---

(1) Mlle. Saint-Val.

Saint-Honorat n'est séparé de Sainte-Marguerite, plus proche de la terre, que par un canal de trois cents toises de large. Nous aurions pu nous y transporter en quelques minutes; mais nous préférâmes de faire un long détour pour aller aborder de l'autre côté. L'île de Sainte-Marguerite, un peu plus grande que celle de Saint-Honorat, est entièrement inculte, et ne contient que le fort Royal, qui sert de prison d'état. Nous y entrâmes sans difficulté; on nous montra les différents ouvrages de cette petite place, la maison du commandant, les casernes des soldats, et les sombres demeures réservées aux victimes de la politique. Ce sont des espèces de cachots voûtés, où le jour ne pénètre que par une étroite ouverture et à travers une triple grille de fer. Nous demandâmes à voir celui qu'occupa, sous Louis XIV, un prisonnier célèbre, dont le nom et le délit seront éternellement des problêmes insolubles pour l'histoire. Jamais secret ne fut mieux gardé, et il est maintenant enseveli pour toujours dans la nuit du tombeau. La chambre du Masque de Fer ne diffère point des autres ; mais elle communiquoit alors à une chambre voisine dans laquelle on lui disoit la messe. Je ne rapporterai point sur cet illustre infortuné des anecdotes que personne n'ignore. Lorsqu'on ne peut ajouter aux faits connus aucune nouvelle lumière, le parti du silence est le plus sage et le seul convenable.

Nous descendîmes du fort Royal sur les bords d'une anse où les vaisseaux marchands viennent se mettre à l'abri des coups de vent auxquels ils seroient exposés dans le port de Cannes. Notre chaloupe nous y attendoit avec sa grande voile triangulaire et son petit focq inutilement déployés. Le temps étoit tout à coup devenu calme ; il fallut recourir à la rame. Nous voguâmes plus lentement;

mais nous avions devant nous une perspective agréable, les hautes maisons de Cannes toutes blanchies, et rangées en demi-cercle autour d'une rade magnifique.

Le voyageur qui n'a pour but que d'amuser, évite la petitesse des détails et la monotonie des descriptions ; celui qui veut plaire et instruire à la fois, ne craint pas de peindre avec fidélité la nature et les mœurs. Pour lui, rien de bas, rien de méprisable : il vous dira, sans rougir, qu'en Provence les femmes de la campagne mettent par-dessus leurs coiffes un chapeau de feutre ou de paille pour se garantir des ardeurs du soleil ; que le dimanche les plus riches en portent un garni d'une large bordure d'argent ; qu'elles sont toutes si ennemies de l'oisiveté, qu'elles travaillent même en marchant ; qu'elles tricotent ou qu'elles filent, tenant d'une main la quenouille, et de l'autre le fuseau. Cette habitude de l'occupation est une source précieuse de commodités pour la vie, et un préservatif admirable contre la séduction du vice.

Tandis que je suis en train de faire des observations que tout autre dédaigneroit peut-être, l'olivier m'en fournit une frappante. Cet arbre qui est un nain dans les terroirs d'Aix et de Marseille, prend ici la taille d'un géant, et le dispute au chêne en circonférence et en ramifications. On ne peut attribuer cette différence prodigieuse à la supériorité de la culture, puisqu'aux environs d'Aix et de Marseille, elle est portée au plus haut point de perfection : il faut donc en chercher la cause dans la nature du sol et dans la chaleur de la température.

Le 4 de mai, nous allâmes déjeûner à Antibes. Lorsqu'on a vu les remparts de cette petite ville construits par Vauban, son joli port entouré d'arcades, et le fort quarré qui le domine, on peut reprendre la route de Nice. Il y a cependant une chose qu'on est obligé de voir deux fois; c'est la porte. Toulon en a deux; Antibes n'en a qu'une. Il faut, de toute nécessité, sortir par où l'on est entré.

A peine avions-nous fait quelques pas, qu'un spectacle digne d'attention s'offrit à nos regards. D'un côté, la mer, dont l'azur se confondoit avec celui des cieux; de l'autre, toute la fraîcheur d'une végétation abondante et précoce; en face, un amphithéâtre de montagnes, les premières ornées de verdure, les secondes entièrement nues, et les dernières couronnées de neige. Suivant que le chemin s'éloignoit ou s'approchoit du rivage, nous perdions ou nous retrouvions une partie de ce tableau. Après avoir passé le pont du Loup, nous aperçûmes à notre gauche le village de Cagne et son château garni de créneaux, qui se dessinent d'une manière pittoresque sur la croupe d'une colline. Quand nous n'aurions pas eu les Alpes devant les yeux, nous nous serions doutés de leur voisinage à la grandeur des torrents. Le plus renommé est le Var, dont le lit a près d'un quart de lieue de large, et qui désole ses rives par de fréquentes inondations. Autrefois on le passoit à gué, maintenant on le traverse sur un pont de bois. La nature et la politique en avoient fait la limite de deux états que l'ambition a réunis. Nice et son territoire appartenoient à la maison de Savoie; le village de Saint-Laurent, connu par ses vins muscats, étoit, du côté d'Antibes, la dernière possession de la France.

Un peu au-delà du Var, nous entrâmes dans une large avenue qui se termine à la mer, et dont la perspective se prolonge indéfiniment sur l'immensité des flots. Le paysage étoit extrêmement riant; mille productions diverses charmoient tour à tour et se disputoient nos regards. Déjà nous remarquions un commencement de cultures italiques. La vigne, plantée au pied de longues files de saules, étendoit sur leurs branches ses flexibles rameaux, et marioit son pampre vert à leur pâle feuillage.

A l'extrémité de l'avenue, nous tournâmes à gauche, et nous suivîmes pendant près d'une heure le rivage de la mer. La route est entièrement privée d'ombrage; on devroit la border d'ormeaux ou de platanes, pour l'agrément de la vue et la commodité des voyageurs. En entrant dans le faubourg de Nice, nous le prîmes pour la ville. Que de belles orangeries, que de jolies maisons! Mais quel dommage qu'elles soient sans habitants! C'étoient des étrangers pour la plupart. La guerre les a chassés; ils attendent la paix pour revenir. O paix, divinité bienfaisante, sois propice à leurs vœux! daigne inspirer à tous les souverains des sentiments de modération et de justice! viens redonner une nouvelle vie à l'agriculture, au commerce! Nos guerriers ont assez moissonné de lauriers. Viens nous faire oublier le sang qu'ils ont coûté, par les trésors de l'abondance et par le charme des arts (1) !

---

(1) On sent que ceci a été écrit avant la dernière coalition formée par l'Angleterre.

NICE. — CIMIERS. — ABBAYE DE SAINT - PONS. — GROTTE SAINT-ANDRÉ. — VILLEFRANCHE.

Les Liguriens *Vediantii*, espèce de sauvages, vivant de la chasse et de la pêche, ignorant l'agriculture, les arts et les lois, habitoient jadis le territoire de Nice. Le hasard y conduisit les destins errants d'une colonie sortie de Marseille. Ces étrangers, sans autre droit que la nécessité, sans autre raison que la force de leurs armes et la supériorité de leurs lumières, disputèrent à des peuples grossiers un légitime héritage. Ils les en dépouillèrent à la suite d'une vigoureuse résistance, et y fondèrent, trois cent quarante ans avant Jésus-Christ, une ville à laquelle ils donnèrent le nom grec de *Nikn*, en témoignage de leur victoire. Telle est l'origine de Nice.

Ce petit état, après avoir éprouvé un grand nombre de révolutions, et passé successivement sous le joug de divers maîtres, appartenoit aux ducs de Savoie depuis 1388, époque de son démembrement de la Provence. En 1792, il est sorti de leur maison et rentré sous la domination française.

Le climat de Nice est délicieux; une triple enceinte de montagnes y oppose aux vents du nord un rempart invincible, et n'y laisse pénétrer que ceux du midi. Tous les matins et tous les soirs, une légère brise rafraîchit l'atmosphère. Nice, en temps de paix, est peuplé d'une multitude d'étrangers valétudinaires, dont la constitution délicate a besoin de l'influence d'une douce température. Le Russe, le Suédois glacé, l'Anglois attaqué du *spleen* quittent en foule leur patrie, et viennent dans cette heureuse terre échanger leur or contre la santé.

La ville, bâtie en partie sur le rivage, en partie adossée à un énorme rocher, au sommet duquel étoit un fort que le maréchal de Berwick fit raser en 1706, se partage en vieille et neuve. La première est obscure, sâle et montueuse ; dans la seconde, on voit de belles rues, des maisons d'une architecture élégante, de grandes places, comme celles de Victor, de Saint-Dominique ; une terrasse spacieuse qui règne sur le bord de la mer, et au-dessous un cours planté de deux rangées d'arbres.

On a élevé au milieu de cette promenade une statue à la fameuse CatherineSégurane. Pour s'en faire une idée, il faut l'avoir vue. Ce monument, consacré par la reconnoissance publique à une héroïne qui, en 1543, sauva sa patrie de la fureur de Barberousse, qui repoussa les Turcs et leur enleva un drapeau de sa propre main, est une méchante moulure en plâtre, déjà dégradée, quoique toute récente. Une eau croupissante dont l'odeur fétide repousse le spectateur, environne le piédestal. C'est insulter aux morts illustres, que de leur ériger des trophées aussi indignes de leur gloire.

Aucune église ne se distingue par son architecture; la Santa-Reparata, qui tient le premier rang, n'est qu'un édifice médiocre. La profusion des sculptures, le faux brillant des décorations y fatiguent les yeux et blessent le goût. Celle des Jésuites renferme le meilleur tableau que la religion ait conservé à Nice. Il représente la communion de Saint Benoît. Au milieu d'un groupe de figures pleines de mouvement et d'expression, on remarque la tête du vieillard mourant. La vertu, la résignation, l'espérance y sont peintes : il va quitter la terre et monter au ciel.

Derrière le rocher qui couvre l'ancienne ville se trouve le port; il est étroit, peu profond, exposé à des coups de vent terribles du sud, et dépourvu de chantiers de construction et de lazareth : on le répare, on l'agrandit dans ce moment; mais comme il ne peut recevoir que des bâtiments de cent à cent cinquante tonneaux, il ne servira jamais que pour le cabotage : il offre aux marins un avantage particulier, la jouissance d'une source abondante qui vient y verser ses eaux limpides. Nous vîmes au bagne quelques galériens. Ils n'avoient pas l'air sombre et hagard de ceux de Toulon : ce sont des déserteurs ; ils expient dans la servitude, un moment d'erreur ou de foiblesse; mais leur âme, exempte d'autre reproche, n'est point inaccessible au doux sentiment de la gaîté.

Les principales productions du terroir de Nice sont les olives, le vin, les oranges et la soie : l'opulence y est rare et la misère commune. Le caractère des habitants a déjà quelque chose de la vivacité et de la politesse cérémonieuse des Italiens : leur habillement ne présente rien d'extraordinaire, si ce n'est la manière dont les femmes du peuple enferment leurs cheveux dans un réseau de soie noire, rouge ou bleue, qui se noue sur la tête et tombe sur le cou en forme de petit sac.

La campagne de Nice est beaucoup plus intéressante que la ville. Pour en connoître les charmes, il faut s'égarer sur les coteaux voisins : on y rencontre souvent des sites dignes du pinceau d'un paysagiste, et quelquefois des ruines dont l'ami de l'antiquité sent vivement le prix : celles de Cimiers furent un jour le but de notre promenade. Cette ville, autrefois florissante et le siège d'un sénat, n'existe plus que dans le souvenir des hommes : un jardin occupe une partie de son antique enceinte; l'autre est abandonnée à l'agiculture. La bêche et la charrue déchirent tous les jours ce sol classique, et des sombres yeuses, des tristes cyprès, dont le mélancolique ombrage est un ornement convenable à la scène, quelques-uns, peut-être, pressent de leurs profondes racines la tombe ignorée d'un sage ou d'un héros.

Les débris de Cimiers sont peu de chose : un petit amphithéâtre où l'œil suit avec peine la trace interrompue des arcades et des gradins, mais dont l'arène, quoiqu'à moitié comblée, n'a presque rien perdu de la régularité de sa forme elliptique, un prétoire beaucoup mieux conservé, et plus loin d'autres restes de bâtiments qu'on présume avoir servi de casernes.

L'emplacement d'une ville anéantie est un lieu propre à inspirer de salutaires réflexions sur la vanité des choses humaines. Des récolets s'étoient établis à Cimiers : de la terrasse de leur jardin, on jouit d'une agréable perspective. Entre deux côteaux, ornés de la plus belle verdure, serpente le Paillon, dont le lit desséché nous parut une grande route.

Des Récolets, nous descendîmes à l'abbaye de Saint-Pons : nous venions de voir les ruines du temps, et nous les avions parcourues avec ce sentiment indéfinissable de mélancolie et de curiosité qu'elles inspirent : notre attention se portoit partout ; loin de rien dédaigner, elle se fixoit sur la moindre pierre chargée de caractères antiques. A St.-Pons, nous vîmes les ruines des hommes et nos regards se détournèrent. On nous montra, sur la rive escarpée du Paillon, la chapelle érigée à l'endroit où le confesseur chrétien souffrit le martyr. Bientôt les monuments consacrés à sa mémoire seront effacés de la terre ; mais son nom, inscrit dans le ciel, ne s'effacera jamais.

A une demi-lieue de l'abbaye de St.-Pons s'élève, sur une espèce de pain de sucre, le château de Saint-André. Un peu plus haut, le Paillon se divise en deux bras, dont l'un, resserré dans une gorge, roule au fond d'affreux précipices. Après un quart d'heure de marche, on parvient à un endroit où les rochers réunis lui fermoient toute issue : ses flots irrités ont vaincu cet obstacle et se sont frayé un passage qui prend le nom de grotte Saint-André du château voisin : cette grotte peut avoir cinquante pieds d'ouverture; l'intérieur en est tapissé de plantes aquatiques qui pendent en festons de verdure ; elle va toujours en s'étrécissant : le torrent la traverse et ressort en cascade à quatre-vingts pas de l'entrée.

Quelques jours après cette promenade, nous en fîmes une autre à Villefranche, en passant par le mont Alban.

Villefranche est un bourg situé à l'extrémité d'une rade large et profonde ; il a un fort en bon état, un port bien bâti, de beaux

magasins pour la marine, un joli phare....
Que lui manque-t-il?...des vaisseaux. Nous
ne trouvâmes qu'une barque et un vieux bâ-
telier pour traverser la rade; nous franchîmes à pied le cap Ferrat, couvert d'orangers
et de limoniers, et nous allâmes déjeûner au
hameau de Saint-Jean, sur le golphe de St.-
Hospice : notre dessein étoit d'assister à une
pêche de thon : elle n'eut pas lieu à cause de
l'agitation de la mer; mais nous vîmes en re-
vanche une curiosité à laquelle nous ne nous
attendions pas, une longue voûte souterraine,
qu'on appelle, dans le pays, Catacombes. Il
est possible qu'elle ait en effet servi d'asile à
des chrétiens pendant les persécutions : je
croirois pourtant plus volontiers que c'étoit
un lieu de réfuge pour les habitants de cette
côte, lorsqu'elle étoit infestée par les Sarrazins.

Nous comptions aller, le jour suivant, à
la tour de la Turbie, unique reste d'un arc

de triomphe érigé en l'honneur d'Auguste, où la flatterie avoit gravé les noms et la défaite de vingt peuples obscurs : notre guide nous en épargna la peine, en nous montrant dans le lointain cette tour fameuse qui n'est plus qu'un amas de décombres.

Nous revînmes à la rade de Villefranche, où notre vieux batelier nous reçut dans sa barque et nous conduisit au port de Nice.

BRIGNOLES. — SAINT-MAXIMIN. — SALON. — PLAINE DE LA CRAU. — ARLES. — ILE DE LA CAMARGUE.

La carrière des voyages est remplie de jouissances; mais elle est aussi semée de nombreuses contrariétés. Sans parler de celles qui proviennent du mauvais temps, des mauvais chemins, des mauvaises auberges, il y en a une assez fréquente et souvent inévitable, la nécessité de revenir sur ses pas et de parcourir deux fois la même route : plus de nouveautés, partant plus d'intérêt ; la curiosité languit, faute d'aliment, et l'ennui prend sa place. Ce sentiment fut presque le seul que nous éprouvâmes de Nice jusqu'au Luc, où nous dînâmes avec le maire d'un village voisin d'Antibes et un citoyen de Draguignan. Comme ils crurent s'apercevoir que nous voyagions autant pour notre instruction que pour notre plaisir, ils firent tomber la conversation sur les productions du pays, sur les manufactures, sur les antiquités. Ils nous expliquèrent la culture de l'olivier, la manière de recueillir les olives, l'art d'en tirer l'huile, les différentes causes qui influent sur sa qualité, comme la nature du sol et surtout la façon. Ici, dès que les olives sont cueillies, on en exprime le suc; là on les garde long-temps, on les laisse fermenter, et la liqueur qu'on en retire est plus abondante, mais beaucoup moins bonne.

Notre maire de village, qui sans être un docteur n'étoit pas un sot, nous parla d'une espèce de poterie, connue sous le nom de Jarres, qui se fabrique dans son voisinage, et forme la principale branche du commerce d'Antibes. Il nous apprit ensuite que le ruisseau qui passe sous les remparts et fournit d'eau toute la ville, est le fruit d'une découverte récente. L'aqueduc souterrain, construit par les Romains pour lui servir de canal, étoit obstrué depuis plusieurs siècles, et on en avoit même perdu la trace; un ingénieur l'a retrouvée, et le ruisseau par ses soins a repris son ancien cours.

Comme le bon villageois achevoit ces mots, le citoyen de Draguignan, qui s'ennuyoit de garder le silence, lui coupa la parole et nous demanda si nous avions été à Grasse? nous lui répondîmes que nous ne l'avions vu que de loin. « Ah, nous dit-il, c'est de près qu'il » falloit le voir; non pour la ville : ôtez-lui » ses tanneries de cuir verd, ses parfume- » ries, elle n'a rien qui puisse vous arrêter; » mais pour les environs, je ne connois pas » de paysage plus délicieux. Partout on y » respire les suaves odeurs de la rose, du » jasmin, des fleurs d'oranger; partout on » y trouve des sources pures, de frais om-

» brages, de riantes prairies : c'est un véri-
» table Elisée. »

» Après Grasse, je n'ose vous parler de
» Draguignan, l'éloge en seroit suspect dans
» ma bouche; cependant, je puis vous dire
» sans vanité que Draguignan n'est pas une
» ville à dédaigner, et pour en faire une ville
» très importante, il suffiroit d'exécuter le
» projet d'y conduire la route de Nice. Sa
» population, qui s'élève déjà à près de huit
» mille âmes, seroit bientôt doublée; l'in-
» dustrie en deviendroit plus active et le
» commerce plus florissant : nous n'avons
» rien dans nos murs qui mérite d'attirer les
» étrangers, et malgré cela ceux qui se dé-
» tournent de leur chemin pour venir nous
» visiter, ne regrettent pas leur peine: notre
» société n'est pas extrêmement nombreuse,
» mais bien choisie et fort agréable. Il y a
» un cercle où elle se réunit tous les jours;
» là, suivant son goût, on cause, on joue, on

» lit les gazettes, on s'instruit à fond des ma-
» tières administratives et politiques. Nous
» avons aussi une salle de spectacle, où l'on
» nous donne de temps en temps de petits
» opéras comiques et des vaudevilles. Je
» conviens que nous n'envoyons pas, comme
» Grasse, des essences à toute la terre, mais
» nous fournissons aux fabriques d'indienne
» de France et de Suisse, un utile ingrédient
» que l'ancienne chimie appeloit sel de Sa-
» turne et que la moderne nomme beaucoup
» mieux, acetate de plomb. Soit dit sans dé-
» plaire à notre hôte, le vin de sa table est,
» je crois, un larcin qu'il a fait à nos fabri-
» ques. »

Charmé de sa plaisanterie qui n'étoit que trop fondée, le citoyen de Draguignan se leva et partit; nous en fîmes de même, et avant le coucher du soleil, nous étions à Brignoles. Cette ville, où se plaisoient jadis les comtes de Provence, n'est plus connue que par l'excellence de ses prunes et par le grand nombre de ses tanneries. Elle est située dans une plaine fertile que dominent d'arides montagnes; on y voit plusieurs places plantées de tilleuls et ornées de fontaines.

Saint-Maximin, que nous traversâmes le lendemain, jour de l'Ascension, ne vaut pas Brignoles. On trouveroit difficilement une bourgade plus sale, plus mal bâtie; mais son église, monument du treizième siècle, est un chef-d'œuvre dans le genre gothique.

Elle étoit presque déserte quand j'y entrai; l'air, encore embaumé d'un mélange de fleurs et de parfums, annonçoit qu'on venoit d'y célébrer les saints mystères. La foule avoit disparu; quelques publicains demeurés en arrière, le corps incliné, silencieux et recueillis, étoient là comme s'ils n'y étoient pas. L'organiste, caché par son instrument, préludoit d'une main invisible au pieux concert dont il devoit accompagner le soir les chants des fidèles. Ces sons harmonieux et divins, retentissant dans la solitude de ce vaste édifice, enlevoient l'âme et la portoient jusqu'au ciel. Lorsque j'eus admiré les piliers massifs dont la solide architecture soutient le poids de la voûte, les vitraux où sont représentés avec les plus éclatantes couleurs les sujets sacrés de notre religion, je m'avançai vers le chœur. Quel spectacle attendrissant s'offrit à mes regards ! Le ciseau du sculpteur, le pinceau du peintre l'ont rempli de l'image de la Madeleine, de cet ange de repentir qui, après avoir pleuré ses égarements aux pieds du sauveur du monde, vint, suivant la tradition, les expier près d'ici par une longue et rigoureuse pénitence. L'art s'est plu à varier de mille manières les traits de sa figure et les mouvements de son âme : ici livrée à une douleur muette et profonde ; là priant, priant avec ferveur, et levant au ciel ses yeux inondés de larmes ;

plus loin, le front ceint des rayons de l'espérance, ravie en extase, et déjà comme enivrée des célestes délices.

Je descendis ensuite dans une petite chapelle obscure où l'on conserve précieusement le crâne de la célèbre pécheresse. Les habitants ont le plus grand respect pour cette relique, dont ils regardent l'authenticité comme incontestable. Que de prétendus esprits forts, des sages suivant le siècle, rient tant qu'il leur plaira de ce qu'ils appellent une pieuse folie. Qu'il y a loin des dédains de leur sublime génie, à l'amour simple et timide de l'humble chrétien! O combien je préfère une larme du pauvre qui croit et qui prie, à la superbe insensibilité de leurs cœurs!

A deux lieues de Saint-Maximin, est la Sainte-Beaume, où la Madeleine habita trente ans une grotte située à plus de cinq cents toises au dessus du niveau de la mer. Jamais séjour ne fut mieux choisi pour la retraite, pour la méditation. Autrefois les grands de la terre, les souverains ne rougissoient pas d'y aller en pélerinage. Louis XIV, destiné à donner au monde, dans le digne objet de sa tendre (1), l'exemple d'une conversion et d'un repentir non moins touchant et plus illustre, fit ce voyage, en 1660, avec la reine mère, le duc d'Anjou son frère et une partie de sa cour. Aujourd'hui cette dévotion est abandonnée au peuple, qui, grâce à Dieu, n'est pas assez philosophe pour la dédaigner. On crie contre la crédulité du peuple, et l'on ne songe pas que c'est à cette heureuse simplicité qu'il doit ses fêtes, ses plaisirs, les seuls instants de bonheur qui suspendent ses peines. Ignore-t-on d'ailleurs le charme attaché aux traditions, à la foi des aïeux? Pour moi, je regrettai que le temps ne me permît pas de visiter la Sainte-

---

(1) Madame de la Vallière.

Beaume, de monter jusqu'au Saint-Pilon, non pour y jouir d'une immense perspective, mais pour voir l'antique pilier planté à l'endroit où la Madeleine fut, dit-on, enlevée par les anges. Je m'y transportai du moins en idée, et cette illusion occupa doucement mon âme jusqu'à Aix, où nous ne fîmes que passer pour nous rendre à Salon.

Les amateurs de sites romantiques, de châteaux à aventures, ne manqueront pas de visiter sur la route celui de la Barbin, appartenant à la maison de Forbin de temps immémorial. Ils y verront des tours quarrées que tapisse le lierre, de longs escaliers voûtés, des souterrains profonds, remplis d'échos; pour accompagnement, des grottes, des cascades, des montagnes couvertes d'épaisses forêts de sapins, enfin tout l'appareil d'un drame à la Radcliff (1).

---

(1) Maria Radcliff, auteur de *Julia*, *des Mystères d'Udolphe*, etc. etc.

Salon (1), petite ville assez jolie, au milieu d'une plaine agréable et bien cultivée, rappelle un nom célèbre dans les fastes de l'astrologie. Nostradamus, né à Saint-Remi, fut enterré à Salon dans l'église des Cordeliers. Les habitants ont détruit le tombeau que lui avoit élevé sa famille; on y lisoit en latin cette épitaphe :

> « Ici repose Michel Nostradamus, dont la plume
> » presque divine fut estimée la seule digne d'écrire les
> » évènements futurs selon l'influence des astres. Il vé-
> » cut soixante-deux ans, six mois et dix jours, et fut
> » enterré à Salon le deux juillet quinze cent soixante-
> » six. »

Nostradamus vint dans un temps où la ma-

---

(1) On peut lire dans les Mémoires du duc de Saint-Simon, l'histoire singulière d'un maréchal ferrant de Salon, qui, sur un ordre du ciel réitéré deux fois avec des circonstances merveilleuses partit pour Versailles, et fit à M. de Pompone et à Louis XIV des révélations dont le secret n'a jamais transpiré.

gie, les sortilèges, l'astrologie étoient en honneur. Ses prophéties lui méritèrent la faveur des rois; deux siècles plus tard, il n'eût obtenu pour prix de sa prétendue divination, qu'une place aux Petites-Maisons. Heureux ceux qui viennent à propos !

Un citoyen de Salon, contemporain de Nostradamus, qui, sans acquérir autant de célébrité, a rendu plus de services à sa patrie, c'est Adam de Crapone. On lui doit un canal d'arrosage qui reçoit ses eaux de la Durance, fertilise le territoire de dix communes, et va se jeter dans le Rhône au-dessous d'Arles. Pour en faire un canal de navigation, il ne faudroit que le rendre plus large et plus profond.

Non loin de Salon, commence la Crau, vaste plaine inhabitée, couverte, dans une étendue de plus de six lieues de diamètre, de cailloux roulés d'une médiocre grosseur, lisses, imprégnés pour la plupart de cuivre et de fer. Quelle en est l'origine? Cette question a exercé la sagacité des anciens et des modernes. Eschyle, usant du privilège de la poésie, attribue ce phénomène à une pluie de pierres que Jupiter envoya au secours d'Hercule pour remplacer ses traits épuisés contre les Liguriens; Aristote, à l'effet d'un tremblement de terre; Possidonius, au produit du limon d'un lac; d'autres, au dépôt de la Méditerranée ou de la Durance. Tous ont appuyé leur opinion sur des systèmes plus ou moins plausibles. La nature, comme il arrive souvent, a gardé son secret malgré leurs efforts pour le surprendre. Plus d'un physicien moderne résoudroit sans peine la difficulté, en faisant tomber ces cailloux de la lune; pour moi, laissant aux recherches et aux disputes des savants la cause inconnue qui les a formés, je me contenterai d'observer qu'entre leurs interstices, croît une herbe fine et savoureuse qui sert de nourriture à trois cent mille moutons. On les conduit, au mois de mai, dans les montagnes de la Provence et du Dauphiné, et on les ramène, en automne, dans la plaine, où ils passent le jour et la nuit en plein air. Les bergers eux-mêmes n'ont, pour se mettre à l'abri de la pluie et du terrible mistral, que des huttes construites en pierres sèches. On leur apporte toutes les semaines une provision de vivres. Jamais ils ne quittent cette solitude; privés de tout commerce avec leurs semblables, ils sont réduits à la société de leurs chiens et de leurs troupeaux.

Le jour de notre départ de Salon, nous déjeûnâmes à Saint-Martin de Crau. L'auberge où nous descendîmes étoit la première maison que nous rencontrions depuis cinq heures que nous étions en marche. A côté se trouve une petite église assez bien décorée. L'homme de Dieu, le consolateur des solitaires de la plaine, qui se chauffoit au soleil, assis sur un banc, s'empressa de nous la faire voir ; il nous montra ensuite le presbytère où il vit avec la frugalité d'un anachorète. Nous quittâmes cet ange du désert pour continuer notre route.

Dans les environs d'Arles, s'étend une plage marécageuse qui infecte l'air de malignes exhalaisons. Quel génie bienfaisant viendra la dessécher et la rendre à l'agriculture ? Le canal de Crapone la franchit sur un long aqueduc appelé pont de la Crau. Un peu plus loin sont les Champs-Elysées. Il s'en faut que ce lieu réponde au nom qu'il porte et aux idées qu'il réveille; des tombeaux, les uns entiers, les autres brisés, tous découverts, voilà le triste spectacle qu'il présente. Pour trouver des urnes funèbres, des patères, des lampes, des lacrimatoires ou quelques pièces de monnoie, la cupidité a violé l'asile des morts ; elle a dispersé leurs cendres, et employé souvent à de profanes usages la pierre sacrée où elles reposoient. A côté des Champs-Elysées, le couvent abandonné des Minimes tombe en décadence; bientôt ses ruines se confondront avec celles des tombeaux. Ainsi tout passe, tout se détruit sur la terre; entre l'existence et le néant, il n'y a qu'un point.

Peu de villes rappellent d'aussi grands, d'aussi pénibles souvenirs que celle d'Arles. Comme le temps et les hommes l'ont changée! Dans cet amas de maisons mal bâties, dans ce labyrinthe de rues étroites et sales, qui reconnoîtroit l'ancienne métropole de la Gaule romaine, la cité que le préfet du prétoire et les grands officiers de l'empire avoient choisie pour leur séjour? Que sont devenus ces temples, ce capitole, ces arcs de triomphe, ce cirque, ce théâtre, ce forum entouré de statues? Les débris même en ont disparu. L'amphithéâtre subsiste encore, du moins en partie; mais pour le voir, il faut monter sur les toits. On a démoli les gradins, l'arène est remplie de masures. Des magasins et des logements pratiqués entre les arceaux, défigurent la seule galerie qui reste et forme la circonférence de l'édifice. Celle du rez de chaussée, par laquelle entroient les gladiateurs et les animaux, sert de caves aux bâtiments construits dans l'épaisseur des murs. Il n'existe plus que deux portes, et l'exhaussement du terrain détruit l'effet de leurs belles proportions. L'arène avoit trente-huit toises deux pieds cinq pouces dans son plus grand diamètre; elle paroît aujourd'hui beaucoup plus considérable, parce que les gradins étant retirés, elle n'a d'autres limites que l'enceinte des arcades. Cet édifice, qui ne fut commencé que vers la fin du second siècle de notre ère, n'a jamais été terminé, et la partie supérieure est telle que les Romains l'ont laissée.

Après l'amphithéâtre, le monument le

plus intéressant est un obélisque de granit, tout uni, sans aucun caractère hyérogliphique, de quarante-sept pieds de haut sur une base de sept pieds de large. On ne sait par qui, ni à quelle époque il fut élevé. Quoiqu'encore entier, il a éprouvé les outrages des barbares et du temps. Découvert d'abord dans un jardin près du Rhône, à la fin du quatorzième siècle, il fut enseveli de nouveau, et ne reparut à la lumière qu'en 1675. L'année suivante, on le plaça sur un piédestal devant l'hôtel de ville, et l'on en couronna la pointe d'un globe d'azur aux armes de France, surmonté d'un soleil. L'aigle impériale vient de remplacer l'emblême de Louis XIV.

On voit à la place Saint-Lucien un beau fronton, reste d'un édifice élevé en 338, à la gloire de Constantin-le-Grand, d'Hélène sa mère, de sa femme Fausta, et de son fils Claude, connu sous le nom de Constantin-le-Jeune; dans la cour de l'ancien couvent de la Miséricorde, deux colonnes d'ordre corinthien, et auprès de l'archevêché, un arc qu'on nomme la porte des Thermes.

Quand on a parcouru ces restes d'antiques monuments, la ville moderne n'exige pas un long examen. Elle est bâtie sur les bords du Rhône, qui la sépare du faubourg de Trique-Taille. L'hôtel de ville, pour sa grandeur, la cathédrale, pour les figures grotesques qui en chargent le portail, méritent seuls quelqu'attention.

Arles honoroit jadis Vénus d'un culte particulier. Les Arlésiennes sont encore dignes de lui servir de prêtresses : on en voit peu dont les traits offrent cette régularité parfaite si recherchée des artistes; mais la plupart ont dans la figure ce charme qui plaît souvent davantage,

Et la grâce, plus belle encore que la beauté.

Leur taille est en général élégante, leur physionomie fine et délicate, leur teint frais et brillant comme la rose.

Ce qui ne frappe pas moins en elles que l'agrément de la physionomie, c'est l'uniformité constante de leur habillement. Elles portent toutes des bas pareils, d'énormes boucles d'argent sur leurs souliers, un petit corset dont l'étoffe et la couleur varient suivant la saison, une jupe courte sans tablier. Leur coiffure consiste en un bonnet rond qui se retire un peu en arrière, avec un mouchoir de soie à fond jaune, moucheté de noir, qui se joint au bonnet, s'avance sur le front, s'arrondit autour des joues, et se noue avec grâce sous le menton. Elles ornent leurs bras d'anneaux d'or, semblables aux bracelets des anciennes Romaines, et sur leur sein pend une longue croix de même métal, enjolivée de diverses manières, et toujours enrichie d'une étoile en émail.

Nous arrivâmes dans le moment le plus

favorable pour les observer ; on célébroit l'inauguration de l'aigle impériale par des fêtes qui avoient attiré des environs une foule prodigieuse de curieux, et mettoient en mouvement toute la ville. Nous eûmes beaucoup de peine à nous procurer un logement, et celui que nous trouvâmes n'étoit habitable que dans une circonstance pareille, où la concurrence et le désir de voir ne permettent pas d'être difficile. Pendant trois jours consécutifs, il y eut des bals, des courses à pied et à cheval. Un combat de taureaux termina ces fêtes, auxquelles il ne manqua, pour être complètes, qu'une *ferrade*. On appelle ainsi le spectacle que donnent les propriétaires de la Camargue, lorsqu'ils font imprimer avec un fer rouge sur la croupe de leurs taureaux la lettre initiale de leur nom.

La Camargue est une île formée par le Rhône en face d'Arles, et qui communique à cette ville par un pont de bois nouvellement établi sur la rive gauche du fleuve. Elle a sept lieues d'étendue, et se prolonge jusqu'à la mer; abondante en moissons, plus abondante encore en pâturages, elle nourrit une multitude innombrable de chevaux et de bœufs qu'on y laisse paître en liberté toute l'année. On y trouve aussi une race de chiens remarquables par la hauteur de leur taille, par leur long poil brun, et par la forme arrondie de leur queue, qui se relève en cercle sur le dos.

LILLE. — FONTAINE DE VAUCLUSE.

Avant de quitter les provinces méridionales, nous allâmes dire un dernier adieu aux antiquités de Nîmes, au pont du Gard, et repassant par Avignon, nous dirigeâmes nos pas vers la fontaine de Vaucluse. Le mauvais temps avoit rendu les chemins de traverse impraticables : nous fûmes obligés d'alonger notre marche en suivant la grande route ; mais on fait sans peine un détour dans la plaine du Comtat. L'aspect en est si agréable, si varié ! Moissons, vignes, prairies, légumes, garance, arbres à fruit de toutes les espèces ; quelle richesse, quelle abondance de productions elle étale ! A la vérité la plus grande partie de ses charmes fut perdue pour nous pendant la matinée; la pluie tomboit à verse; le ciel, ordinairement si pur, si serein dans cette contrée, étoit obscurci de nuages, et sans le mistral qui vint les dissiper et nous rendre le soleil, notre excursion eût été fort triste.

Nous côtoyâmes quelque temps la Durance, qui change à chaque instant de lit, et dont les débordements, peints avec tant d'énergie par les poètes Ausone et Silius Italicus (1), sèment au loin la terreur et

---

(1) *Nam qui montibus ortus*
Avulsas ornos et adesi fragmina montis
Cum sonitu volvens, fertur latrantibus undis,
Ac vada translato mutat fallacia cursu,
Non pediti fidus, patulis non puppibus æquus.

Du sein glacé des monts, fougueuse, elle s'élance,
Des rochers qu'elle mine enlève les éclats,
Arrache les ormeaux, les roule avec fracas,
Et peu sûre au piéton, au nautonnier rebelle,
Offre, en changeant de lit, une arène infidelle.

la désolation. Quel contraste avec la paisible Sorgue, qui divise en cent canaux le cristal de ses ondes, et porte partout avec elle la vie et la fécondité! L'une semble le génie du mal, l'autre celui du bien.

Quand nous fûmes à peu de distance de Cavaillon, nous prîmes sur la gauche, et nous nous rendîmes directement à Lille, petite ville mal bâtie, mais entourée de jolies promenades, et placée au milieu d'un charmant paysage. Nous descendîmes à l'hôtel de Pétrarque et de Laure. A la vue de ces deux noms, que de sentiments se réveillent en foule! O puissance de l'amour, douce mélancolie des souvenirs, quel empire vous exercez sur les cœurs tendres! Toute la soirée nous errâmes dans les environs, sans autre guide que l'inspiration, que la sensibilité qui nous entraînoit. En revenant à notre auberge, nous visitâmes l'église où Pétrarque vit Laure pour la première fois. Notre souper nous attendoit ; c'étoit un repas de Chartreux ; il n'y parut que des légumes et du poisson, et des Epicuriens en auroient été contents. Nulle part on ne mange d'aussi bonnes truites, d'aussi bonnes anguilles qu'à Lille.

Le lendemain l'aurore commençoit à peine à rougir l'horizon, nous étions déjà dans le délicieux vallon de Vaucluse. Un sentier nous conduisit, en serpentant, au centre d'une haute et superbe enceinte de rochers rougeâtres : là, au-dessous de deux figuiers qui ont pris racine dans les fentes des pierres, du fond d'un antre mystérieux s'élève la fontaine, sans bruit, sans aucun mouvement apparent. Après de grandes pluies comme dans le moment où nous la vîmes, elle remplit un bassin ovale d'environ cent pieds de diamètre, et d'une surface unie comme la glace. Un peu plus bas, c'est un torrent impétueux ; elle se précipite avec fracas, s'irrite contre les obstacles qu'elle rencontre, et les blanchit d'écume; mais bientôt elle se modère, et à une colère momentanée succède une tranquillité inaltérable : image de la vie, paisible à sa source, agitée dans son cours par les orages des passions, puis rendue vers sa fin au calme de son origine.

Sur la cime isolée d'un rocher dont la Sorgue baigne le pied, notre guide nous fit voir un vieux château, et nous dit que c'étoit celui de Pétrarque : il se trompoit; Pétrarque n'avoit point de château; il habitoit, près du village, une chaumière dont il n'existe plus de traces. On s'occupe dans ce moment à lui ériger un monument : inutile dépense! Qu'a-t-il besoin de monument à Vaucluse? Cette fontaine, ces rochers, ce site enchanteur qu'il a illustrés par ses vers et par ses amours, ne lui suffisent ils pas ? Il n'est nulle part, et l'imagination le voit partout; partout elle le retrouve avec sa fidèle compagne. O Pétrarque! ô Laure! immortels amants, quelle magie vous avez répandue dans les lieux qui furent témoins de votre tendresse ! Aux sauvages beautés de la nature, vous avez ajouté l'intérêt des plus touchants, des plus doux souvenirs. On s'y sent retenu comme par un charme irrésistible. Combien nous eûmes de peine à nous en arracher ! que de fois nous nous retournâmes en nous écriant, comme si vous aviez pu nous entendre :..... Adieu Pétrarque ! adieu Laure !

CARPENTRAS. — ORANGE. — VIENNE. — LYON. — ÎLE SAINTE-BARBE.

Quand on s'éloigne de Vaucluse, on a besoin de solitude, on veut jouir de ses sensations, recueillir en paix ses idées. Nous eûmes tout le temps de goûter ce plaisir jusqu'aux portes de Carpentras, où nous nous arrêtâmes pour voir le magnifique hôpital fondé vers le milieu du dernier siècle, par le vertueux et savant évêque Malachie d'Inguimbert. Au premier coup-d'œil, on le prendroit moins pour le refuge de la misère que pour le palais de l'opulence. L'édifice est vaste et noble; l'intérieur répond au dehors. La chapelle où repose le fondateur, nous parut un chef-d'œuvre d'élégance et de goût. Dans la salle du conseil d'administration, nous vîmes le portrait d'un homme que la nature avoit doué de tous les dons de la figure, de toutes les grâces de l'esprit, et qui expia par la plus austère pénitence les égaremens de sa jeunesse. Il est vêtu en religieux, assis près d'une table, la plume à la main, devant une tête de mort. Les mortifications l'ont maigri sans l'exténuer. Que de finesse, que de vivacité dans sa physionomie ! quel feu dans ses yeux ! Ses passions ne sont pas éteintes ; elles ont changé d'objet : il aime Dieu comme il aimoit sa maîtresse. Ce portrait dont on ignore l'auteur, et qui feroit honneur au meilleur peintre, est celui du réformateur de la Trappe, de l'abbé de Rancé.

La ville de Carpentras se trouve placée entre deux beaux monuments d'architecture, l'hôpital dont je viens de parler, et un immense aqueduc qui réunit la hardiesse à la solidité. Pendant la révolution, ses remparts et le courage de ses habitants l'ont préservée de la fureur d'une horde de brigands marseillois qui avoient juré de l'anéantir. Une société agricole, commerciale et littéraire, y encourage l'industrie et l'amour des arts. Sa population d'environ dix mille âmes, ses fabriques d'eau-forte, ses tanneries, ses manufactures de gros draps nommés *cadi*, enfin sa bibliothèque, composée de trente mille volumes, d'un grand nombre de manuscrits et d'un riche médailler, en font une ville intéressante et digne de la curiosité des étrangers. Sans la barbarie d'un de ses évêques, le cardinal Bichi, elle leur offriroit encore un débris d'antiquité, l'arc de triomphe érigé en l'honneur de Domitius Œnobarbus, après sa victoire sur les Allobroges. Le cardinal Bichi l'a dégradé, mutilé, et pourquoi ? Pour en faire une cuisine........ Le Vandale !

A quelque distance de Carpentras, nous sortîmes de la fertile plaine du Comtat pour entrer dans le territoire ingrat et pierreux d'Orange. Cette ville dont l'existence précède la conquête des Gaules par les Romains, où se tint dans le cinquième siècle un concile, et qui donna son nom au plus redoutable ennemi de Louis XIV, a conservé deux édifices qui attestent encore son ancienne splendeur, un cirque et un arc de triomphe. Il ne reste du cirque qu'une épaisse muraille de cent pieds de haut sur trois cents de long; mais l'arc de triomphe, grâce au soin qu'on a pris de le soutenir, subsiste tout entier. Il étonne autant par sa masse que par sa hauteur. On y remarque trois arcades, une grande au milieu avec une moyenne de chaque côté, et dans les intervalles, des colonnes d'ordre corinthien. L'intérieur est orné de sculptures pareilles à celles de Saint-Remy, et sur chaque face de la partie supérieure, sont représentés en bas-reliefs des combats et des instruments de guerre. On ignore en quelle année et à quelle occasion fut élevé ce trophée; l'opinion la plus commune le regarde comme un monument de la première victoire de Marius sur les Cimbres et les Teutons.

Orange fut comme le terme de nos observations et de nos jouissances dans le Midi. Au-delà, jamais route plus stérile en instruction, plus ennuyeuse; un terrain sableux, des cultures uniformes, beaucoup de mûriers, de loin en loin quelques tristes bourgs, point de villes importantes. Montelimart n'en est pas une, quoique voisine du Rhône et sur les routes de Provence, d'Espagne et d'Italie. Une vieille citadelle le domine, et deux petites rivières, le Roubion et le Jabrou, en baignent les remparts.

Nous donnâmes, en passant, un coup-d'œil au pont de la Drôme, de construction récente et d'une belle architecture. Valence nous étoit connu. Près du village de Tain, nous nous arrêtâmes un instant pour examiner les côteaux où croît le vin de l'Hermitage, et pour visiter, sur la rive opposée du Rhône, le collège de Tournon, que les Jésuites ont rendu célèbre.

Vienne demandoit un peu plus de temps, non que ce soit une ville très curieuse. Divisée en deux parties inégales par la rivière de Guère, sur laquelle sont établies des manufactures d'armes, d'étoffes et de papier, elle est mal percée, mal bâtie, et resserrée entre des collines incultes; mais elle a joué un grand rôle dans l'histoire ancienne et moderne. Les connoisseurs mettent sa cathédrale au nombre des plus beaux vaisseaux gothiques. Le Prétoire, ouvrage romain, rappelle la Maison quarrée de Nîmes par sa forme et ses dimensions; seulement il est plus élevé, sans vestibule, et les colonnes cannelées d'ordre corinthien qui soutiennent le toit, sont dégradées et engagées dans des murs nouvellement construits sur chaque face. Vienne renferme encore un reste d'amphithéâtre, qui consiste en une haute porte et quelques débris de murailles. Hors des portes, du côté de Valence, s'élève dans la campagne une antique pyramide; on présume qu'elle couvre le tombeau de quelque illustre Romain. Vienne fut pour ainsi dire celui d'un ordre célèbre, plus malheureux peut-être que coupable. Un concile général assemblé dans cette ville, en 1311, le jugea sans appel, et malgré la décision de ce tribunal respectable, l'opinion de la postérité est demeurée indécise sur la justice de l'arrêt prononcé contre les Templiers.

Nous avions passé à Lyon l'année précédente; il nous restoit peu de chose à y voir. Nous fîmes une excursion à l'île Barbe, formée par la Saône, une lieue au-dessus de la ville. Elle a environ trois ou quatre cents toises de long, sur une largeur peu considérable. Un rocher escarpé la termine au nord; des maisons, des jardins, une chapelle en occupent la majeure partie; l'autre est ombragée de belles allées de tilleuls. Pendant les fêtes de Pâques et de la Pentecôte, les Lyonnois s'y rendent en foule; et l'île Barbe, qui le reste de l'année n'est qu'un petit coin de terre pittoresque, devient alors le théâtre du luxe et du plaisir.

NANTUA. — PERTE DU RHONE. — FORT DE L'ÉCLUSE.

Nous nous empressâmes de quitter Lyon, et nous prîmes la route de Genève par la Bresse et le Bugey. Les jolis bourgs de Mirebel, Montluel et Maiximieux n'offrent aucun objet d'intérêt ; nous ne fîmes que les traverser. Au-delà du dernier, nous nous trouvâmes sur les rives de l'Ain, rivière navigable qui prend sa source dans le Jura, et court se jeter dans le Rhône : c'est une espèce de torrent qui souvent inonde et dévaste la contrée qu'il arrose. La vue bornée à gauche par un côteau voisin, s'étendoit à droite sur des plaines entrecoupées de riantes collines ; les productions de la terre étoient partout à peu près les mêmes, des prairies, des moissons, des vignes, du chanvre, de la navette, et des fèves dont la fleur embeaumoit l'air. Nous allâmes coucher au Pont d'Ain, village sur le bord de cette rivière. Le jour suivant, nous la passâmes un quart de lieue plus loin, et nous nous enfonçâmes dans une vallée sauvage qui va toujours en se rétrécissant, et finit au bourg de Cerdon. Là se présente comme un obstacle invincible, une montagne tapissée de vignes dans le bas, et dans le haut de broussailles : des cascades, des torrents, des rochers de toutes les formes, de toutes les couleurs, enchantèrent nos regards; nous crûmes revoir un paysage de Suisse.

Il y a cinquante ans que la montagne de Cerdon, première chaîne du Jura du côté de la France, n'étoit praticable que pour les gens à pied et à cheval; maintenant les voitures la franchissent sans peine et sans danger par un chemin en pente douce. Il nous fallut une heure et demie pour la gravir; nous descendîmes ensuite dans un vallon d'un aspect agréable, mais d'une médiocre fertilité. On y cultive du maïs, du seigle et du chanvre. Le terrain, sableux et aride sur les côtés, est trop humide dans le fond ; en facilitant l'écoulement des eaux, on changeroit d'ingrats marécages en excellentes prairies. Les vaches que nous y vîmes errer çà et là, nous parurent d'une petitesse singulière : est-ce un défaut de l'espèce ? est-ce un effet des mauvais pâturages ? Peut-être faut-il l'attribuer à la réunion de ces deux causes.

Nous ne tardâmes pas à arriver sur les bords du joli lac de Nantua, enfermé entre deux chaînes de rochers. Il a environ trois quarts de lieue de long sur trois cents toises de large : on y pêche de bonnes truites. Des rangées d'arbres ombragent ses rives ; mais l'agriculture y trouve peu de place, et la petite ville qui lui donne son nom, ne subsiste guères que par son industrie. Elle excelle dans la préparation des peaux, dans le travail des cuirs, et possède plusieurs fabriques de nankin et un établissement pour le moulinage de la soie. En quittant Nantua, nous entrâmes dans une gorge tortueuse qui se prolonge jusqu'au lac de Silan, ainsi nommé du hameau placé à son extrémité supérieure. Ce lac, bordé de montagnes uniformes, couvertes de buis et d'humbles sapins, peut avoir une demi-lieue de long sur cent cinquante pas dans sa moyenne largeur : il est tellement encaissé, qu'il n'y a d'espace libre que d'un seul côté, et à peine suffisamment pour la route. Après le hameau de Silan, la gorge se change en un stérile marécage rempli de joncs : on aperçoit de temps en temps des moulins à scie mis en mouvement par la chute des torrents. Les sommets des montagnes et leurs flancs paroissent toujours incultes ; mais bientôt on recommence à voir le long de leurs bases des prairies, des champs de seigle ou d'orge, et des arbres fruitiers. En approchant de Châtillon, l'horizon s'agrandit, et les productions de la nature se multiplient. On descend par un chemin extrêmement roide de ce village à celui de Belgarde, où s'arrêtent tous les voyageurs pour considérer un phénomène curieux, la perte du Rhône. Ce fleuve, resserré entre deux lits de pierres, blanchissant d'écume, roule avec impétuosité, s'engouffre sous une voûte presqu'horizontale de rochers, disparoît, et se remontre cent pas plus loin. On nous avoit beaucoup vanté ce jeu de la nature; il fit peu d'impression sur nous. A mesure que l'on voyage, on devient moins susceptible d'admiration; mais ce que le sentiment perd en chaleur et en vivacité, l'esprit le gagne peut-être en exactitude et en justesse.

A deux lieues de la perte du Rhône, nous traversâmes le fort de l'Ecluse, qui commande l'étroit passage du pays de Gex dans le Bugey. Il est construit sous une avance de rochers, à l'extrémité du Jura et vis-à-vis du Vuache, que sépare le profond précipice où coule le fleuve. Dominé de toutes parts, il ne peut faire une longue résistance; aussi les Bernois le prirent-ils sans difficulté, lorsqu'en 1536 ils conquirent le pays de Vaud sur le duc de Savoie. Le défilé qu'il couvre, est celui par lequel passèrent ces quatre cent mille Helvétiens qui avoient brûlé leurs villes et leurs bourgs pour aller s'établir dans les contrées occidentales de la Gaule, et dont la majeure partie fut taillée en pièces par César.

A peine est-on sorti du fort de l'Ecluse, que les montagnes s'éloignent et laissent entr'elles un vaste bassin borné par le Jura, par le Vuache, par le mont Sion, enfin par le Salève, qui domine la ville de Genève, et derrière lequel on découvre les cimes glacées du Faucigny.

GENÈVE.

Lorsque César, qui devoit par la conquête des Gaules se frayer la route à l'asservissement de sa patrie, franchit les Alpes pour arrêter l'émigration des Helvétiens, Genève existoit déjà : situé comme aujourd'hui à l'extrémité inférieure du lac Léman, c'étoit la dernière place (1) du pays des Allobroges et la plus voisine du territoire helvétique, auquel elle communiquoit par un pont sur le Rhône. César y rassembla son armée, fit rompre le pont (2), et ferma le passage du

---

(1) Extremum oppidum Allobrogum est, proximumque Helvetiorum finibus Geneva. Ex eo oppido pons ad Helvetios pertinet. (*Cæsar. Comment*, lib. 1, cap. 6).

(2) Pontem qui erat ad Genevam jubet rescindi. (*Id.*, cap. 7).

fleuve par un retranchement qu'il prolongea depuis la ville jusqu'au mont Jura (1). Après la défaite des Helvétiens, elle subit le même joug que ce peuple; mais elle dut à ses nouveaux maîtres plus d'avantages qu'elle n'en perdit : l'agrément de sa position favorisa son agrandissement et sa prospérité, et le flambeau des sciences y dissipa les ténèbres de la barbarie : en recevant la loi de Rome, elle en avoit adopté le culte. Il fit place à celui du vrai dieu dans le troisième siècle, et dès le quatrième Genève eut des évêques.

Lorsque l'empire romain devint la proie des barbares du nord, elle tomba en partage aux Bourguignons : quelques-uns de leurs

---

(1) A lacu Lemano quem flumen Rhodanum influit, ad montem Juram qui fines Sequanorum ab Helvetiis dividit, millia passuum decem novem murum in altitudinem pedum sexdecim, fossamque perducit. (*Cæsar. Comment.*, l. 1, *cap.* 8).

rois y fixèrent leur séjour. Après les Bourguignons vinrent les Francs et bientôt avec eux l'anarchie : chaque officier s'appropria les droits de sa charge ; les peuples eurent cent tyrans, et pas un protecteur. Charlemagne parut et tout rentra dans l'ordre ; mais ce ne fut pas pour long-temps : la postérité de ce grand homme n'hérita pas de son génie. Dans le démembrement de ses vastes états, Genève fit successivement partie du royaume d'Arles et du nouveau royaume de Bourgogne, monarchie éphémère qui fut réunie à l'empire germanique au commencement du onzième siècle. Comme à cette époque l'autorité des empereurs mal affermie au centre de l'Allemagne, étoit presque nulle dans les provinces éloignées, les grands vassaux s'affranchirent de leur dépendance, et le clergé non moins avide de domination parvint à joindre la puissance temporelle à la juridiction spirituelle.

Ce fut au milieu de cette confusion que les évêques de Genève obtinrent les titres de princes et de souverains : tout le monde sait avec quel acharnement les comtes de Savoie leur disputèrent la possession d'une ville frontière et florissante : mon dessein n'est pas de retracer ici leurs longues et sanglantes querelles, leurs efforts séparés et quelquefois réunis pour l'oppression du peuple genevois, la courageuse résistance de ce dernier, l'origine, l'accroissement de ses privilèges, et enfin ce mémorable changement de culte qui fut la cause ainsi que le garant de sa liberté politique et religieuse. Heureux s'il avoit su jouir en paix d'un bien acquis par tant de combats et de sacrifices! mais aux guerres extérieures succédèrent des dissentions intestines presque continuelles, et qui ne finirent qu'avec la république.

Après ce tableau rapide des vicissitudes que Genève a essuyées depuis César jusqu'à nos jours, je vais essayer de faire connoître son état présent, sa situation, ses monuments, ses institutions, les mœurs et le caractère de ses habitants. Loin de m'astreindre à une marche didactique, je rendrai mes impressions dans l'ordre où je les ai reçues, et les objets viendront se ranger sous mon pinceau tels qu'ils se sont offerts tour à tour à mes yeux.

Nous allâmes d'abord à la place Saint-Antoine, nommée aujourd'hui place Maurice, du nom de celui qui a pris soin de la planter. De cette platte-forme, le point le plus élevé de Genève, on jouit d'une vue ravissante sur une partie des montagnes du Faucigny et du Chablais, sur le côteau de Cologny, couvert de jardins et de maisons de campagne, sur le lac Léman, le pays de Vaud et celui de Gex.

Auprès se trouve l'observatoire, petite rotonde très basse, mais bien pourvue de tous les instruments nécessaires aux observations astronomiques : on doit cet établissement à l'astronome Mallet, qui fit le voyage de Laponie pour observer le passage de Vénus, et le physicien Pictet soutient dignement la réputation de son prédécesseur.

En descendant le long des casemates, nous gagnâmes le *bastion bourgeois*, promenade ombragée de vieux ormes et de maroniers touffus : de là on en voit deux autres disposées en terrasses, le *Petit-Languedoc* et la *Treille*. Cette dernière domine une plaine charmante encadrée par le Salève, le mont Sion, le Vouache et le Jura. Le bastion bourgeois ne présente que quelques échappées de vue ; mais on y respire en été, à toutes les heures du jour, une fraîcheur délicieuse : c'étoit autrefois la promenade la plus fréquentée pendant les chaleurs ; maintenant elle est déserte toute l'année. Depuis que des brigands, foulant aux pieds la constitution de leur pays et les lois de l'humanité, y ont assassiné les meilleurs citoyens, un sentiment universel d'horreur et de regret en éloigne les Genevois. Quel opprobre pour le crime et quel hommage pour la vertu!

Au milieu du bastion bourgeois s'élève une pyramide quadrangulaire ornée du buste de l'auteur du *Contrat Social*. Sur une des faces de la pyramide on lit : *A J.-J. Rousseau, le peuple genevois, en* 1793 (*l'an 2 de l'égalité*) ; et autour du buste : *Droits de l'homme. Liberté. Egalité. Indépendance.*

Ce monument repose sur la place même arrosée du plus pur sang de Genève : il étoit impossible de faire une satyre plus frappante du Contrat Social et une injure plus cruelle à son auteur. O Rousseau, illustre misantrope, te voilà dans la solitude après laquelle tu soupirois : on se détourne à l'aspect de ton image ; la terre que l'on a prétendu consacrer à ta gloire est maudite ! ah !

combien ton ombre indignée doit rougir de l'encens de tes adorateurs! Quand tu osas remonter à l'obscure origine du pouvoir et de la législation, tu croyois révéler au monde d'utiles vérités, et tes leçons de politique sont devenues des arrêts de proscription et de mort; tes panégyristes, des bourreaux. Ils ont fait du défenseur *des droits de l'homme* l'apôtre du pillage et du massacre.

Vis à vis du bastion bourgeois est celui de *Hollande*, qui renferme l'arsenal de l'artillerie. C'est par ce côté que Genève fut surprise dans la nuit du 11 au 12 décembre 1602. Le duc Charles-Emmanuel de Savoie profitant de la sécurité qu'inspiroit aux habitants une trompeuse apparence de paix, fit approcher ses troupes à la faveur des ténèbres; déjà quelques centaines de soldats avoient escaladé les remparts, lorsqu'un heureux hazard les fit découvrir. Les citoyens, avertis du danger qui menace la patrie, se rassemblent à la hâte, ils accourent et repoussent l'ennemi : fiers de leur victoire, ils en conservèrent le souvenir par une fête qui s'est long-temps célébrée sous le nom d'*Escalade*.

La porte neuve, voisine du bastion de Hollande, conduit à *Plein-Palais*, la plus belle et la plus vaste des promenades situées hors des remparts ; c'est un immense tapis de gazon bordé d'arbres antiques. Les jours ordinaires on y voit peu de monde, mais les dimanches la multitude des promeneurs y forme une scène animée et piquante.

Comme nous sortions de la ville, nous vîmes un convoi qui en sortoit aussi : la bierre portée par six hommes en grands manteaux noirs, étoit suivie de parents affublés de la même manière et précédée d'une femme également vêtue de deuil, qu'on appelle la *Prieuse*. A Rome, à Athènes, il y avoit des pleureuses de louage pour les funérailles ; il y en a encore en Turquie et dans les Indes. A Genève on trouve des femmes qui font le métier de prieuses : c'est une profession comme tout autre. La bizarre coutume que de se décharger sur des mercenaires du soin de pleurer un parent, un ami, ou de prier pour le repos de son âme !

Nous accompagnâmes le convoi jusqu'au cimetière : au-dessus de la porte peinte en noir, on a gravé ces paroles de Saint Jean : « Heureux ceux qui meurent au Seigneur ! » ils se reposent de leurs travaux et leurs » œuvres les suivent. » L'inhumation se fit sans aucune cérémonie : à peine la bierre fut-elle livrée aux fossoyeurs, tout le monde se retira en silence et la prieuse partit la première.

La sépulture dans le culte catholique a quelque chose de plus solennel et de plus imposant. En général, Luther et Calvin ont dépouillé la religion chrétienne de tout ce qui frappe les sens, de tout ce qui élève l'âme; ils l'ont réduite à une simplicité qui ne sembloit pas faite pour le vulgaire, et qui pourtant l'a séduit. Cette simplicité, objet ordinaire de son indifférence, lui a paru le comble de la perfection, et l'enthousiasme est né de la cause la plus propre à le prévenir.

Le cimetière est un grand enclos où il ne croît que de l'herbe : on devroit y planter des ifs, des cyprès, des saules pleureurs dont l'ombre mélancolique conviendroit si bien à la scène. L'orgueil des vivants n'a du moins profané l'empire de la mort par aucun monument fastueux; il y règne une parfaite égalité : la tombe du riche ne diffère point de celle du pauvre; seulement on aperçoit çà et là de petits tertres entourés de gazon et couronnés de primevères, de violettes, de marguerittes ou autres fleurs champêtres, avec une pierre modeste sur laquelle l'amour ou l'amitié a gravé le nom du tendre objet de ses regrets. Parmi ces épitaphes, j'en remarquai une conçue en ces termes : *Ci gît un homme de bien.* Le philosophe Sénèque dit quelque part « qu'il n'y a point sur la » terre de spectacle plus digne des regards » de la divinité, que l'homme de bien aux » prises avec l'adversité. » Pour moi je n'en connois pas de plus touchant que l'aspect de sa tombe : je m'inclinai avec un sentiment de vénération et d'attendrissement devant celle du Genevois, à qui ses concitoyens ont rendu un si glorieux hommage; j'aurois voulu savoir son nom, on a négligé de le mettre sur son humble monument, sans doute parce qu'il n'est ignoré de personne dans sa patrie; mais il mériteroit d'être connu de tout l'univers.

A côté du cimetière est la place du *Tire* : avant la réunion de Genève à l'empire français, la jeunesse s'exerçoit tous les dimanches à tirer au blanc; depuis elle en a perdu l'habitude. Le goût des armes semble s'être éteint avec le sentiment de l'indépendance.

Nous continuâmes notre promenade, et nous fîmes *le tour des jardins* qui fournissent à la ville une partie des légumes nécessaires à sa consommation. En suivant le long du Rhône un petit sentier ombragé de saules, nous observâmes une mécanique destinée à faciliter les arrosements : on a établi sur le fleuve de grandes roues, autour desquelles sont attachés des augets; ces augets en tournant se remplissent d'eau et la versent dans un récipient placé à une hauteur convenable; elle passe de là dans un canal de bois qui la porte aux jardins. Comme le cours du Rhône, du moins en été, entretient les roues dans un mouvement rapide et continuel, quand on n'a plus besoin d'eau on déplace le canal de bois et elle retombe dans le fleuve.

Le sentier solitaire et tortueux que nous suivions nous conduisit en un quart-d'heure à l'endroit où l'Arve, qui descend des hauteurs voisines du Mont-Blanc, vient avec impétuosité confondre ses flots bourbeux avec ceux du Rhône. Le fleuve, suivant l'expression juste et hardie de M. de Saussure, semble vouloir éviter cet impur mélange; il se range contre la rive opposée, et l'on voit dans un long espace ses eaux bleues et transparentes couler dans un même lit, mais séparées des eaux grises et troubles de l'Arve. Au-dessus de leur confluent s'élèvent les collines pittoresques de Saint Jean et de la Bâtie coupées à pic : le soleil prêt à se coucher doroit leurs cimes de ses rayons mourants, et ajoutoit un nouvel intérêt à ce site sauvage et romantique.

L'Arve roule parmi ses sables quelques parcelles d'or invisibles et une quantité prodigieuse de cailloux, dont les lithologues admirent la variété et la beauté; mais qui n'offrent au vulgaire des observateurs qu'un amas de pierres arrondies. Les propriétaires riverains en composent des digues pour contenir le torrent dans son lit et prévenir le ravage de ses débordements. Je ne quitterai point ces cailloux roulés sans dire un mot de leur origine : elle a fait dans le siècle dernier l'objet des recherches du plus infatigable et du plus illustre des géologues. Si l'on ne trouvoit des cailloux roulés que dans les rivières qui sortent des montagnes, ou dans les plaines voisines de leur cours, le phénomène s'expliqueroit de lui-même; mais on en découvre dans des lieux fort éloignés et à des hauteurs considérables : ils sont pour la plupart de granit ou d'autres pierres alpines; ils reposent sur un fond d'une nature absolument différente : ce sont par conséquent des corps étrangers, adventifs, arrachés de leur lieu natal et transportés là par quelque puissant agent. Quel est cet agent ? ce n'est pas le feu ; il n'y a dans les environs aucun vestige de volcan. C'est donc l'eau ; mais pour que l'eau les ait transportés, arrondis et entassés dans les endroits où ils existent, il faut qu'une grande catastrophe ait changé la face du globe, il faut que l'océan ait couvert la cime des hautes montagnes, il faut qu'en se retirant il ait détaché, entraîné des débris de rochers et les ait déposés successivement en divers lieux : ainsi ces cailloux roulés dont on se sert pour faire des digues, pour paver les rues de Genève, sont les plus anciens monuments historiques, des monuments du déluge. Un homme d'esprit avoit bien raison de dire : « Interrogez les pierres, car elles » parlent. »

Nous revînmes des bords de l'Arve à Genève par la promenade de Plein-Palais. Quand on entre dans la ville ou quand on en sort, on passe au milieu d'un grand nombre de figures plus ou moins désagréables. Sans parler des soldats qui montent la garde et vous observent, des douaniers qui vous arrêtent et vous fouillent, pour peu que vous ayez l'air de venir de loin et de porter quelqu'article de contrebande, des percepteurs de la taxe des routes et des droits municipaux, qui ne sont ni moins vigilants ni moins importuns, il y a une foule de gens sans mission, toujours prêts à lever un impôt sur votre bourse: ce sont les mendiants ; ils établissent pendant le jour leur domicile aux portes de la ville. On voit là des estropiés, des culs-de-jatte, des aveugles et d'autres à qui il ne paroît manquer pour gagner utilement leur subsistance, que la volonté. Quand trouvera-t-on le moyen de supprimer ce triste spectacle !

Genève, situé à l'extrémité inférieure d'un lac magnifique, s'étend sur la pente et sur le sommet d'éminences opposées.

Le Rhône s'échappe du lac en deux larges et rapides torrents qui le divisent en parties inégales, la cité et le quartier Saint-Gervais : quatre ponts facilitent la communication de l'une à l'autre et procurent en même temps une charmante perspective. Entre les bras du fleuve existe une petite île oblongue très peuplée, au milieu de laquelle s'élève une vieille tour servant d'horloge et bâtie, dans le douzième siècle, sur les fondements de celle que César fit construire pour défendre le passage du Rhône aux Helvétiens. Un peu plus loin, on voit une machine hydraulique qui porte l'eau à une hauteur suffisante pour en fournir à tous les habitants : aussi chaque place a sa fontaine ornée d'une urne, d'une pyramide ou d'une colonne.

Dans la partie inférieure de la ville, il y a une longue rue irrégulière qui la traverse presque en entier : de chaque côté règnent des arcades de soixante-dix pieds de hauteur, soutenues en dehors par des piliers de bois et appuyées contre les maisons; elles rétrécissent la rue et choquent l'œil délicat de l'homme de goût; mais on leur pardonne ce défaut en faveur de leur utilité: elles forment des galeries commodes pour la promenade dans les jours pluvieux, et abritent une file de petites baraques occupées par des merciers, des fruitières, des artisans, et placées en face de riches boutiques et de magasins de marchandises de toute espèce: c'est sous ces arcades et dans les places adjacentes que se tient le marché deux fois par semaine.

Sur un des côtés de la halle au bled, on a construit un petit mur en larges pierres de granit, dont la surface creusée avec art présente une double suite des nouvelles mesures de capacité, depuis le litre jusqu'à l'hectolitre: ces mesures sont simples, commodes, d'une exactitude invariable, et l'on n'en fait aucun usage. Il est si difficile de déraciner les vieilles habitudes ! elles opposent une résistance invincible à la raison ; le temps dont elles sont l'ouvrage peut seul les détruire.

A l'extrémité de la ville, sur le bord du lac, sont les boucheries : elles ne blessent les regards de personne et n'altèrent point la salubrité de l'air, deux avantages que la police ne devroit négliger nulle part.

Auprès étoit la cage aux aigles que l'état entretenoit comme le symbole de ses armoiries : la cage existe bien encore, mais les aigles n'y sont plus, ils se sont envolés avec la liberté.

Toutes les maisons de Genève sont extrêmement hautes : celles qui bordent la Treille et quelques autres annoncent l'opulence ; le reste est proprement bâti, mais en pierres brunes, ce qui, joint à leur élévation, donne à l'intérieur de la ville un air triste et sombre; mais comme malgré sa nombreuse population elle a peu d'étendue, il ne faut qu'un instant pour gagner les remparts, et là on jouit d'une vue dont l'œil ne peut se rassasier. Il est impossible d'imaginer un paysage plus diversifié, plus gracieux à la fois et plus imposant: nulle part l'industrie secondée de la richesse n'a décoré les coteaux avec plus de soin; nulle part la nature n'a déployé tant de magnificence, tant de variété dans la forme, la couleur, la direction et la hauteur des montagnes : elle les a taillées en pyramides, en tours, en aiguilles, alongées en chaînes ou arrondies en dômes. Elle a couronné les unes de verdure, les autres de neiges éternelles; ici elle a hérissé leurs flancs de stériles rochers; là elle les a couverts de forêts ou de prairies, et partout, à chaque instant du jour, elle en change, elle en modifie l'aspect par un nouveau mélange d'ombre et de lumière. Ajoutez à ce spectacle magique un lac immense, un beau fleuve, une large rivière, des champs cultivés comme des jardins, une multitude de promenades agréables, de sites délicieux, et vous aurez une idée de la position de Genève. Faut-il s'étonner après cela qu'elle ait un charme inépuisable pour les habitants, et qu'elle inspire aux étrangers une espèce d'enthousiasme ?

Genève n'est pas moins renommé pour l'activité de son industrie et de son commerce, que pour l'agrément de ses environs. Outre la banque qui lie ses intérêts avec ceux de toute l'Europe, il a de vastes ateliers de bijouterie, des fabriques d'indienne et de chapeaux, de nombreuses tanneries ; mais sa manufacture la plus considérable et la plus célèbre, c'est l'horlogerie : elle fait vivre un tiers de la ville, et elle occupe également les deux sexes. Tandis que l'un façonne en boîtes l'or et l'argent, trempe l'acier, le convertit en ressorts, en rouages, en echappements, en pivots, l'autre peint les cadrans, vide les chiffres, fend les roues, les polit, fait les chaînettes et les aiguilles, admirable division du travail qui en multiplie et perfectionne les produits. L'industrie est l'âme des Genevois, et l'argent leur première et leur dernière passion. Cet insatiable amour du gain s'unit chez eux à une rare intelligence. Aucun peuple n'est plus attentif aux petits profits, et plus habile à en faire de grands ; aucun ne possède mieux les secrets de la banque, aucun n'a plus approfondi l'art des placements, et sans la banqueroute française qui trompa leurs savants et avides calculs, on ne voyoit point de terme aux progrès de leur opulence. Une ville de médiocre étendue, avec un territoire extrêmement borné, eût égalé les plus vastes cités par la masse de ses richesses, et les eût surpassées par l'éclat de sa prospérité.

Une chose digne de remarque, c'est que

la soif de l'or n'y nuisit jamais à la culture des lettres. Dans les temps les plus reculés, et surtout depuis la réforme, Genève partagea toujours son encens entre Plutus et Minerve. Egalement zélé pour les sciences et pour le commerce, il attira dans son sein une multitude d'étrangers, et fut constamment une pépinière florissante d'hommes distingués dans tous les genres de mérite. La théologie, le droit public, la médecine, l'étude de la nature, l'histoire ont fourni à un grand nombre de ses citoyens des titres d'estime, et à plusieurs des titres de gloire. Il faut convenir cependant que les Genevois n'ont pas cultivé les arts d'imagination avec le même succès que les connoissances qui dépendent de l'application et de la patience. Leur climat, tour à tour si riant et si majestueux, n'a pas vu naître un seul poète, et n'a produit qu'un homme vraiment éloquent, J.-J. Rousseau.

Les édifices publics de Genève, l'arsenal, l'hôtel de ville, l'hôpital général et les temples font plus d'honneur par leur modeste apparence à l'antique austérité des mœurs républicaines qu'au goût des arts. Il faut cependant excepter la cathédrale dédiée à saint Pierre. Cette église fut bâtie, suivant une ancienne tradition, sur les ruines d'un temple du Soleil, et consacrée, dès son origine, au saint dont elle porte le nom. Un portique d'ordre corinthien en décore la façade; l'intérieur présente un beau vaisseau gothique, mais sans autre ornement qu'une chaire pour le pasteur, des bancs pour les fidèles, et un orgue pour accompagner le chant des pseaumes. Il n'y a ni tableaux, ni statues. Les disciples de Calvin sont de vrais iconoclastes; ils ont banni les arts de leurs temples, et en ont proscrit la pompe des cérémonies. Tout leur culte consiste, le dimanche soir et matin, dans un sermon, des prières et une monotone psalmodie. Ils chantent de méchants vers de Marot et de Théodore de Bèze avec la même onction et la même ferveur que si c'étoient des cantiques d'Esther et d'Athalie. L'habitude si puissante sur tous les hommes, et le respect si naturel sur les premiers apôtres d'une secte, attachent sans doute à ces vieilles productions un charme particulier. J'ai ouï dire qu'on avoit le projet de les rajeunir, et d'y adapter une musique nouvelle : c'est le vrai moyen d'en détruire l'effet. Ces méchants vers sont de précieux monuments de la réforme ; que de souvenirs qui la soutiennent s'effaceroient avec eux !

Calvin ne s'est pas contenté d'exclure des édifices sacrés toute espèce de luxe et de décoration ; il a réduit les sept sacrements à deux, le baptême et la cène ; encore la cène n'est-elle considérée que comme une simple commémoration : elle a lieu quatre fois l'année, à Noël, à Pâques, à la Pentecôte, et dans le mois de septembre le jour du jeûne anciennement déterminé à Genève, comme en Suisse, par le gouvernement. Les enfants y sont admis à l'âge de quinze ou seize ans, après avoir reçu des ministres les instructions nécessaires. Cette faveur une fois obtenue devient un droit dont ils usent aux jours marqués, quand bon leur semble. Chacun fait son propre examen, et n'a pour juge que sa conscience ; on communie sous l'espèce du pain et sous celle du vin. Il y a deux tables, l'une pour les hommes, et l'autre pour les femmes. La communion s'administre aux époques que j'ai désignées, pendant trois dimanches consécutifs pour la commodité des fidèles. Ils s'en approchent avec un air de foi et de recueillement. On compte peu d'incrédules parmi eux ; les observances de leur culte sont si aisées à remplir ! La difficulté des devoirs religieux est la première source de l'incrédulité ; c'est un joug dont la foiblesse, plus encore que l'orgueil, conteste la légitimité pour s'en affranchir.

Il n'existe point à Genève d'hiérarchie dans l'ordre ecclésiastique : on y distingue à la vérité des pasteurs et des ministres; mais les seconds, destinés à aider et à remplacer les premiers, ne sont pas dans leur dépendance. Une compagnie qu'on appelle *consistoire*, composée d'ecclésiastiques et de laïques, nomme aux places, règle les fonctions et surveille l'exercice du culte.

Pour parvenir au ministère, on ne passe point par différents degrés comme dans l'église romaine; la consécration, qui s'opère par un pasteur après un sévère examen, est la seule formalité requise. Elle n'imprime point un caractère indélébile; de manière qu'on peut quitter, si l'on veut, l'état ecclésiastique, et rentrer dans la classe ordinaire des citoyens. Les pasteurs, dans leurs fonctions, portent une grande robe noire avec un rabat blanc. Leurs discours ne sont que des leçons de morale; ils supposent leurs auditeurs persuadés du dogme, et s'occupent moins à leur prouver ce qu'ils doivent croire que ce qu'ils doivent faire pour leur bonheur.

La religion romaine, après trois cents ans de proscription, a retrouvé un asile à Genève; elle y subsiste à côté de sa rivale sans dissentions, sans querelle. Leur haine semble éteinte; on diroit qu'elles ont renoncé à tout esprit de conquête et de domination. Faut-il attribuer ce phénomène aux lumières de la raison, aux progrès de la tolérance? Non; mais à un sentiment presque général d'indifférence pour la forme du culte. Quand deux religions, long-temps ennemies déclarées, se rapprochent sans se combattre, c'est que leur empire est ébranlé, et qu'on ne croit plus que foiblement à l'une et à l'autre.

Parmi les édifices publics, la bibliothèque

est un des plus intéressants; elle contient environ quarante mille volumes et deux cents manuscrits. La théologie, l'histoire et la philosophie y occupent chacune une place séparée, et tous les ouvrages étrangers à ces trois branches de connoissances, sont confondus, sous le nom de polygraphie, dans une même classe. Le choix des livres, pour la plupart instructifs et sérieux, représente assez bien le caractère des Genevois. Ce peuple grave et réfléchi préfère en tout l'utile à l'agréable : il porte dans les lettres le même esprit que dans le commerce; il observe, il analyse, il calcule. La science des faits et des opinions, celle des lois naturelles et sociales entre naturellement dans son domaine; la poésie et l'éloquence en sont exclues.

La bibliothèque est en même temps une espèce de musée; on y voit les portraits de tous les grands hommes de Genève et des principaux chefs de la réforme, avec ceux de plusieurs princes qui l'ont soutenue ou persécutée. A côté de Charles IX et de Henri III, figurent l'amiral de Coligny et le duc de Rohan. Je pourrois citer d'autres rapprochemens qui paroissent également l'ouvrage de la reconnoissance et de la haine.

Dans la même enceinte que la bibliothèque, se trouve le collège. Il fut fondé dans le seizième siècle, comme on l'apprend par cette inscription gravée sur la porte : *Post tenebras lux.* 1561. Au-dessus brille un soleil qui sort des nuages, allusion ingénieuse à la renaissance des lettres, ensevelies depuis mille ans dans une obscurité profonde. Le système d'instruction, établi sur le modèle de l'ancienne université de Paris, n'a éprouvé aucun changement. Les méthodes nouvelles qui multiplient les études et les abrègent, qui enseignent tout et n'apprennent rien, n'ont point trouvé de partisans à Genève. En se réunissant à la France, il a demandé et obtenu, comme un privilège, de conserver la sienne ; trait de sagesse qui mérite d'être remarqué, au milieu du délire universel de l'esprit d'innovation. Il y a neuf classes au collège. Les enfants sont reçus dans la dernière dès qu'ils savent lire ; ils montent ensuite de degrés en degrés, suivant leur intelligence et leur application. Les examens qu'on leur fait subir avec une sorte d'appareil, décident de leur avancement. Après avoir achevé le cours ordinaire des premières études, ils passent à l'académie, où on leur enseigne les hautes sciences, la philosophie morale, les belles-lettres et la théologie. Cet établissement fondé, ainsi que le collège, par Calvin, qui fut à la fois le réformateur de la religion, des mœurs et des lois, a joui depuis son institution d'une juste célébrité. Les professeurs ont toujours été des gens distingués par l'étendue de leurs connoissances, et quelquefois par l'éclat de leurs talents. L'opinion publique donne à leurs places une grande considération, et on les regarde comme des titres d'honneur dans les plus anciennes familles. Il en étoit de même autrefois de la dignité de pasteur ; on la respecte encore, mais on ne la recherche plus.

Le cas que l'on fait de l'instruction, joint à la facilité d'en acquérir, en excite le goût ; de là une émulation qui rend la science pour ainsi dire populaire. Il n'y a personne qui ne sache au moins lire, écrire, compter et qui n'ait quelque teinture de langues, d'histoire et de géographie : le talent même de la musique et du dessin n'est pas rare ; on rougit également de l'ignorance et de la pauvreté. Tant que le jour dure, tout le monde est occupé ; on ne rencontre pas un oisif dans les rues ni dans les places publiques, et si l'on se promène, ou se rassemble le soir, ce n'est pas pour étaler du luxe ou pour fuir l'ennui de la solitude, mais pour se délasser des travaux de la journée.

Les Genevois aiment beaucoup les spectacles, mais ils aiment encore davantage la campagne. Tous les dimanches pendant la belle saison ils y courent en foule, et la ville ressemble alors à une place abandonnée. Dans le cours de la semaine les hommes fréquentent leurs cercles, et les femmes leurs cotteries : de temps en temps elles tiennent des assemblées où les étrangers sont admis; on y sert du thé, des fruits et des pâtisseries légères, après quoi viennent le jeu et la musique, et vers onze heures chacun se retire : il est de règle que les divertissements de la veille ne doivent pas nuire au travail du lendemain ; jamais on n'y sacrifie les soins du ménage, les affaires ni les études.

Les femmes mariées n'ont pas seules la liberté de tenir des assemblées; les filles la partagent avec leurs mères; elles réunissent leurs compagnes et les jeunes gens de leur âge, et souvent la société de la cadette n'est pas celle de l'aînée : chacune suit librement son goût et son inclination. Dans ces réunions pour lesquelles l'âge mûr est un titre d'exclusion, il règne une gaîté naïve et pure : si l'amour s'y insinue, il faut qu'il soit modeste et retenu; la moindre licence seroit un lâche abus de confiance, un crime irrémissible : l'honneur est là sous la sauve-garde de la délicatesse.

Les Genevoises joignent aux grâces de la figure les talents de l'esprit; elles cultivent avec succès le dessin, la musique; elles aiment l'histoire, les voyages et surtout les romans : ce dernier genre de lecture donne à leur imagination une teinte mélancolique et sentimentale.

Les hommes avec beaucoup d'instruction ont peu d'agrément dans l'esprit et dans les manières (1) : leur abord est froid et sec. Ils rêvent, ils pensent, ils raisonnent et ne savent point causer : ils ont assez de sagacité pour saisir les défauts d'autrui, et trop peu d'indulgence pour les pardonner. La raillerie est une petite jouissance que leur amour propre ne se réfuse guère. De tous les étrangers, les Français sont ceux pour lesquels ils se sentent le moins de bienveillance : loin de s'énorgueillir de la gloire de leurs nouveaux concitoyens, ils se regardent comme des vaincus attachés à leur char de triomphe; ils regrettent amèrement leur souveraineté et leur anarchie. Depuis qu'en leur ôtant le dangereux privilège de se gouverner eux-

---

(1) On sent bien que ces traits généraux ne s'appliquent pas à tous les individus. Je connois plusieurs Genevois dont la politesse égale les lumières, et la discrétion seule m'empêche de les nommer ici, en leur exprimant ma reconnoissance de la bonté avec laquelle ils m'ont accueilli.

mêmes, on les a forcés de vivre en paix, ils se croient dans l'esclavage.

Avant que la révolution française les fit passer sous le joug de l'égalité, on distinguoit parmi eux quatre classes, des citoyens, des bourgeois, des natifs et des habitants. L'exercice de l'autorité suprême, toutes les charges et toutes les professions honorables étoient réservées aux deux premières : les deux autres se partageoient les simples métiers et les emplois serviles de la société ; mais avec de l'argent elles pouvoient sortir de leur abjection et obtenir leur part de la souveraineté. Les détails à ce sujet seroient aujourdhui dépourvus d'intérêt et d'utilité ; ils n'entrent point d'ailleurs dans le plan d'un voyage moins destiné à tracer le tableau du passé que celui du présent.

FERNEY.

Lorsqu'on passe à Genève on ne peut guère se défendre d'aller voir Ferney, village inconnu avant Voltaire et devenu par lui célèbre dans toute l'Europe.

Nous prîmes pour nous y rendre la route de Gex : elle va en montant jusqu'au grand Sacconex. Là on descend dans un vaste bassin couvert de grains, de prairies, de vignes, d'arbres fruitiers et borné par le mont Jura : on remarque çà et là une grande intelligence dans l'irrigation des prairies. Les habitants profitent non seulement des eaux de source, mais ils s'emparent des eaux pluviales et les rassemblent dans des réservoirs, d'où elles se répandent en filets d'argent sur l'herbe qu'elles vivifient, lorsque la sécheresse l'exige. Cette méthode d'arrosage, si simple et si utile, est très-usitée en Suisse et particulièrement dans l'Argovie.

En nous amusant à cueillir des violettes sur les bords du chemin, nous découvrîmes une autre fleur qui leur ressemble assez de loin pour la forme et pour la couleur, mais qui en diffère sensiblement quand on l'examine de près : la feuille de la plante est en petit celle du laurier. Je ne m'attendois pas à rencontrer la frileuse pervenche en plein air dans le voisinage des Alpes : il est vrai qu'elle étoit exposée au midi et abritée du nord par une haie vive très épaisse, de manière qu'elle se trouvoit comme dans une serre chaude.

En arrivant à Ferney on est frappé de la propreté des maisons, qui semblent moins faites pour des villageois que pour des gens aisés ; elles sont presque toutes l'ouvrage de Voltaire : il les avoit peuplées d'artisans dont il se plaisoit à encourager l'industrie. En face du château règne une avenue de peupliers, à l'extrémité de laquelle on voit sur la gauche une petite église peu élevée, couverte en tuiles, sans clocher qui la domine et de la plus simple architecture. Le château lui-même n'a rien de magnifique; c'est un corps de logis extrêmement modeste, accompagné de deux ailes pareilles : on y montre la chambre qu'occupoit Voltaire. Le propriétaire (1) actuel l'a laissée telle qu'elle étoit de son vivant; elle ne renferme de curieux que les portraits de quelques personnages illustres et une espèce de tombeau sur lequel on lit ce vers :

Son esprit est partout, et son cœur est ici.

---

(1) La famille de Budé qui avoit vendu le château de Ferney à Voltaire, l'a racheté de ses héritiers. Je m'étonne qu'aucun d'eux n'ait eu envie de le garder par attachement pour sa mémoire, ou du moins par vanité.

La salle de spectacle n'existe plus. Près du château est un parc planté de chênes et d'ormeaux, entremêlés de sapins. A l'est on découvre les Alpes, et à l'ouest le Jura; mais quelle différence entre ces deux vues! le Jura ne paroît dans le lointain qu'une longue chaîne presqu'uniforme : les plus hautes sommités n'ont pas plus de huit à neuf cents toises d'élévation. Le coup d'œil opposé présente une variété admirable: à droite, sur le premier plan, le grand et le petit Salève; au-delà, les monts de Brezon et de Vergi; à gauche les Voirons, la cime arrondie du Buet, l'aiguille d'Argentières; au centre l'énorme pyramide du Môle, et sur les confins de l'horizon une superbe enceinte de montagnes, au-dessus desquelles le Mont Blanc élève son dôme majestueux. Nous avions vu vingt fois ce spectacle, nous le regardâmes encore avec le même ravissement que s'il eût été nouveau pour nous; nous observions dans les neiges une diversité de teintes singulière : ici elles étoient d'une couleur matte, là grises ou brunes, ailleurs d'une blancheur éblouissante. Le soleil entouré de légères vapeurs commençoit à se cacher derrière le Jura : ses derniers rayons, en frappant obliquement les montagnes opposées, produisirent des effets qui passent l'imagination et que le pinceau ni la plume ne sauroient rendre. On eût dit que le Buet étoit un immense palais embrasé ; l'aiguille d'Argentières et la dent d'Oche (1) ressembloient à des pyramides de feu ; c'étoit une vraie féerie : elle dura peu et s'évanouit avec l'astre du jour.

Nous songeâmes alors à retourner sur nos pas : nous avions une lieue et demie à faire pour regagner Genève ; mais dans les vallées entourées de hautes montagnes, le crépus-

---

(1) On appelle Dent d'Oche, deux pointes nues et fort rapprochées, entre Meillerie et Saint-Gingoulph.

cule est beaucoup plus long que dans les pays de plaine. Sans presser notre marche, nous arrivâmes avec la nuit aux portes de la ville.

En chemin, il me vint à l'esprit que j'avais passé plus d'une heure dans le parc de Ferney à contempler la nature, et que j'en étois sorti sans presque penser à l'ancien propriétaire; c'est que la mémoire de cet homme immortel qui réunit tous les genres de talents et d'esprit, ne réveille aucune idée douce et tendre. La curiosité est le seul motif qui conduise à Ferney, et l'on n'y reste que le temps nécessaire pour la contenter. Si au lieu de Voltaire Fénélon l'eût habité, il me semble qu'on s'y sentiroit retenu par un charme secret, qu'on s'en arracheroit avec peine, qu'on se promettroit d'y revenir et qu'on y reviendroit : voilà le triomphe de la vertu jointe au génie.

LA BONNEVILLE. — CLUSE. — SALLENCHE. — SERVOZ. — MONT BUET.

Après avoir considéré à loisir la ville de Genève et ses environs, nous partîmes le 19 juillet pour la vallée de Chamouny.

Dès la pointe du jour nous étions à Chêne, village au milieu duquel coule un ruisseau qui séparoit jadis le duché de Savoie de la république de Genève. La France, en confondant ces deux états dans son empire, n'a point effacé les caractères trop sensibles qui les distinguent depuis long-temps : elle a appauvri l'un sans enrichir l'autre. Au ruisseau de Chêne finit cette apparence de prospérité, d'aisance générale qui charmoit l'œil du voyageur; mais en perdant de vue les merveilles de l'industrie, on continue à jouir d'un spectacle plus varié, plus admirable encore, celui de la nature : à chaque pas elle présente un paysage, un aspect nouveau. La route elle-même est souvent un objet d'intérêt : tantôt ombragée d'arbres fruitiers, elle parcourt un terrain uni; tantôt elle monte le long de rochers perpendiculaires et paroît suspendue au-dessus de l'Arve. Quand nous eûmes passé le village de Contamine, avec quel plaisir nos regards se promenèrent sur cette rivière qui se partage entre des îles couvertes d'arbustes, et sur la riante vallée des Bornes, fermée par une haute colline couronnée de forêts.

La Bonneville où nous déjeûnâmes n'a rien de remarquable que sa figure triangulaire et une longue place sans ornement, sans ombrage. Située auprès de l'Arve, elle commande un vallon dont l'entrée est défendue par deux forteresses naturelles, le Môle au nord, et le Brezon au midi. D'abord très étroit, il s'élargit ensuite, puis se resserre encore en approchant de Cluse, petite ville où l'on voit, comme à Genève, des arcades en bois soutenues par des piliers.

Au-delà commence une gorge tortueuse et sauvage. D'un côté, le chemin est bordé de rochers, quelquefois taillés à pic, quelquefois recourbés en voûte menaçante, et de l'autre resserré par l'Arve, qui vient le battre de ses flots écumants, et semble vouloir en disputer le passage au voyageur. A ces terribles aspects succèdent les images les plus gracieuses, des fontaines, des cascades ; à l'ombre des rochers, d'heureux coins de terre fertilisés par le travail ; au bord de la rivière, des prairies tapissées d'une fraîche verdure, et ornées d'arbres touffus. Mille objets attirent l'attention ; les montagnes seules suffiroient pour l'occuper tout entière. Les unes sont couvertes de bois et de chalets épars, les autres incultes et dépouillées de verdure, la plupart hérissées de rocs nus, dont les sommets sourcilleux s'élancent dans les airs sous cent formes diverses.

A une lieue de Cluse, nous aperçûmes sur la gauche l'ouverture de la grotte de Balme, que l'ignorance a long-temps regardée comme l'ouvrage des fées. La cupidité, en y cherchant des trésors, n'y trouva que des pierres. Nous ne fûmes pas curieux de visiter ce palais désenchanté.

Tous les villages de Savoie que nous avions rencontrés jusque-là, avoient l'air pauvre et misérable : celui de Maglan se distingue par un extérieur opposé. Les habitants vont en Allemagne; ils y font avec succès un petit commerce, et reviennent jouir dans leur patrie du fruit de leur travail et de leur économie.

A peu de distance de Maglan, se trouve la cascade d'Arpenaz : le ruisseau qui la forme, tombe perpendiculairement de huit cents pieds le long d'un aride rocher, sur une avance duquel il se brise. Nous fûmes frappés de la hauteur de sa chute, et non du volume de ses eaux.

Entre Maglan et Saint-Martin, nous remarquâmes pour la première fois des couches d'ardoises. L'intrépide scrutateur des Alpes, le célèbre Saussure, a observé que dans les grandes chaînes de montagnes, les pierres calcaires précèdent les ardoises, et qu'après ces dernières viennent les roches feuilletées primitives et les granits.

Le village de St.-Martin, qui fut le terme de notre journée, est placé sur la rive droite de l'Arve, vis-à-vis de Sallenche, ville mal bâtie, mais assez peuplée pour son étendue. La pluie qui nous menaçoit depuis le matin, commença à tomber vers le soir, et nous retint emprisonnés tout le jour suivant dans notre auberge.

Le 21, le ciel s'étant éclairci, nous prîmes des mulets, et nous poursuivîmes notre route. Au hameau de Chède, on nous arrêta pour nous montrer une cascade bien supérieure à celle d'Arpenaz : elle se précipite du milieu d'une montagne entre deux rochers bordés d'arbustes, dans un premier bassin, d'où elle retombe par deux bras au fond d'un gouffre qui en rejette les eaux avec violence dans plusieurs autres bassins successifs. Les rayons du soleil y dessinoient un arc-en-ciel qui ajoutoit encore à la beauté du spectacle.

Une demi-lieue plus loin, on nous fit voir un petit lac dont les eaux limpides sont entourées de grands arbres qui se répètent sur leur surface. En nous éloignant de ce joli réservoir, nous traversâmes un torrent qui porte à juste titre le nom de *Nant noir*, parce qu'il roule ses flots orageux parmi les ruines de montagnes éboulées, et charrie des débris d'ardoises qui teignent d'une sombre couleur et son lit et ses bords.

Arrivés à Servoz, nous envoyâmes chercher au village du Mont, le guide Marie Deville, auquel nous étions recommandés. Il vint sur-le-champ avec son fils et son neveu, et nous entreprîmes de monter sous leurs auspices au sommet du Buet, montagne connue dans le monde savant par les expériences de MM. de Saussure, de Luc et Pictet. A peine avions-nous fait quelques pas, que le monument d'un jeune Danois (1), englouti, il y a six ans, dans une crevasse, frappa nos yeux. Nous approchâmes, et nous

---

(1) L'an 1800, le 7 août, un Danois nommé Eschen, jeune littérateur à qui l'Allemagne doit une excellente traduction en vers des odes d'Horace, tomba, en montant sur le Buet, dans une fente de glacier recouverte de neige, où il périt.

lûmes ces mots écrits en gros caractères :

Voyageur, un guide prudent et robuste vous est nécessaire ; ne vous éloignez pas de lui ; obéissez aux conseils de l'expérience. C'est avec un recueillement mêlé de crainte et de respect, qu'il faut visiter les lieux que la nature a marqués du sceau de sa majesté et de sa puissance.

La fin cruelle de cet infortuné, ravi dans la fleur de l'âge à l'espoir des lettres et de l'amitié, nous pénétra d'un sentiment de tristesse qu'augmentoit encore un secret retour sur nous-mêmes. Nous étions comme lui jeunes et entreprenants ; comme lui, nous partions pleins de force et de courage, et nous allions affronter les mêmes lieux où la mort avoit arrêté son imprudente audace. Cette impression de crainte fut bientôt dissipée, et elle nous inspira plus de circonspection, sans refroidir l'ardeur qui nous enflammoit.

Notre équipage étoit modeste et conforme aux circonstances ; un large pantalon, d'épais souliers garnis de clous, de longs bâtons ferrés, une veste, et sur nos épaules un havresac. Nous nous étions munis de redingottes, quoique l'extrême chaleur semblât rendre cette précaution inutile ; mais on ne doit pas la négliger dans les montagnes, où la température de l'air est extrêmement variable.

Après avoir traversé le village du Mont et les pâturages voisins, nous entrâmes dans un bois au milieu duquel le chemin s'élève rapidement. Nous avions à droite une chaîne de montagnes dominée par le Mont-Blanc, dont la neige virginale approchoit de l'azur des cieux. A mesure que nous montions, la vallée de Servoz s'abaissoit sous nos pieds : l'Arve, si furieuse, paroissoit y rouler en silence, et l'impétuosité de son cours n'étoit plus sensible pour nous que par la blancheur de ses ondes. Je ne décrirai point les torrents, les pentes de neige ou de glace que nous eûmes à franchir, ni les perspectives ravissantes qui se déployèrent successivement à nos yeux ; je ne peindrai pas la végétation, d'abord abondante et vigoureuse, puis décroissant peu à peu, et cessant enfin tout à fait. Je me contenterai de dire qu'après cinq heures de marche, nous parvînmes aux chalets de Villy, triste amas de cabanes construites en pierres sèches. L'imagination ne peut rien se représenter de plus misérable. L'intérieur de chaque cabane se divise en deux parties, dont l'une forme le logement des bergers, et l'autre leur laiterie. Les troupeaux occupent à côté des étables qui ne diffèrent que par le nom, de l'habitation principale. Les chalets sont épars ou réunis ; il y en a de deux sortes, ceux de printemps, situés à une moindre hauteur, et ceux d'été, plus élevés. Les bergers montent des uns aux autres, et en descendent suivant les saisons : ils quittent la plaine au mois d'avril, et y reviennent au mois de septembre. Les pâturages sont la propriété des communes ou des particuliers, et les conditions du séjour qu'y font les bestiaux varient selon les lieux.

Une bonne femme qui ressembloit à Baucis, mais qui avoit perdu son cher Philémon, nous reçut dans son humble demeure. Nous étions transis de froid ; elle essaya, pour nous réchauffer, d'allumer un petit fagot de bois vert, et bientôt nous fûmes enfumés comme des Lapons. Sans les provisions que nous avions apportées de Servoz, nous aurions fait mauvaise chère. Notre pauvre hôtesse ne pouvoit nous offrir que du laitage et du pain noir ; mais elle nous l'offrit de bon cœur : elle poussa même l'obligeance jusqu'à me céder son lit, et se coucha par terre au milieu de mes compagnons. Il est vrai qu'elle ne perdit pas beaucoup au change : son grabat, placé sous la pente du toit, étoit appuyé contre une muraille de pierres mal jointes, entre lesquelles souffloit un vent glacial. Si j'eusse été moins fatigué, je n'aurois pas fermé l'œil de la nuit.

Dès que l'aurore parut, nous sortîmes de notre gîte : le temps calme et serein, l'air frais et pur nous promettoient un temps conforme à nos désirs. Au-delà des chalets de Villy, il n'y a plus de chemin tracé ; il faut suivre scrupuleusement les traces de son guide, sous peine de s'égarer, et même de perdre la vie. Au bout de deux heures, nous atteignîmes le Col de Salhenton, d'où notre vue s'étendit d'une manière illimitée sur des vallées de neige solide, entrecoupées de collines pareilles. Ces vastes solitudes sillonnées par les feux du jour, ressembloient à des champs labourés; et le soleil versant à grands flots sa lumière sur leur surface éblouissante, la nuançoit d'une teinte incomparable d'or, de pourpre et d'azur.

Nous n'étions plus séparés de la cime du Buet que par un court intervalle; mais l'impossibilité d'y monter en ligne droite nous força de faire de longs détours; cependant le ciel se couvrit subitement de sombres nuages d'où s'échappèrent à diverses reprises des torrents de grêle : aucun abri ne s'offroit pour nous en garantir. Malgré ce contre-temps, malgré le froid qui devenoit à chaque instant plus vif, nous avancions avec ardeur, lorsqu'un obstacle imprévu pensa nous rebuter. Nous arrivâmes au pied de deux rochers parallèles et presque perpendiculaires; l'espace qu'ils laissoient entr'eux étoit rempli de glace : il s'agissoit d'escalader cette terrible muraille; nous hésitâmes quelques moments, mais l'amour-propre et la curiosité l'emportèrent sur la prudence. Nos guides passèrent les premiers et nous frayèrent la route à l'aide de leurs souliers ferrés : nous les suivîmes, et nous appuyant du corps et des mains contre les parois des rochers, nous parvînmes heureusement au faîte.

Cette difficulté vaincue, il s'en présenta une autre qui n'étoit guère moins effrayante. Il nous fallut monter pendant une heure le long d'une étroite arête d'ardoises, bordée d'horribles gouffres. Les symptômes qu'on éprouve d'ordinaire sur les sommités élevées commençoient à m'atteindre, ma tête devenoit pesante, je sentois des dispositions aux nausées ; à peine avois-je fait une vingtaine de pas, que j'étois forcé de m'arrêter pour reprendre haleine ; un sommeil léthargique s'emparoit de tous mes sens : mon guide me fit boire une goutte d'eau-de-vie qui ranima mon courage et mes forces. Nous nous reposâmes un moment au château Pictet, petite baraque construite par le savant professeur de ce nom, et ayant gravi une dernière pente de neige, semblable par son inclinaison à celle d'un toit, nous touchâmes enfin à la cime du Buet.

Ici la poésie manque d'images, la peinture n'a point de couleurs pour rendre l'admirable scène qui se découvrit à nos yeux; ces innombrables vallées, ces rocs gigantesques, ces villes, ces fleuves, ces lacs abaissés sous nos pieds, et cette perspective indéfinie qui n'avoit de bornes que la foiblesse de nos organes : nous dominions de près de seize cents toises le bassin des mers. Un secret sentiment d'orgueil alloit peut-être s'emparer de nos cœurs, lorsque l'aspect du Mont-Blanc et des pics voisins qui surpassoient fièrement nos têtes fit taire ce transport insensé, en nous montrant qu'il reste toujours quelque chose au-dessus des vœux et de la portée de l'homme.

La rigueur du froid et la violence du vent nous obligèrent bientôt à quitter ce magnifique belvédère : nous vîmes à regret s'évanouir par degrés et disparoître entièrement la scène magique dont nous venions de jouir. Vers le col de Salenthon nous prîmes sur la gauche, et nous revînmes aux chalets de Villy par les sources de la Diouza. Ce chemin, plus court d'une bonne heure que le précédent, est très dangereux : on marche long-temps sur des rocs escarpés suspendus au-dessus du torrent qui roule à une grande profondeur : nous nous arrêtâmes quelques moments aux chalets, et le soir avant la nuit nous étions de retour à Servoz.

VALLÉE DE CHAMOUNY.—GLACIER DES BUISSONS.—MONTANVERT.—MER DE GLACE.—SOURCE DE L'ARVEYRON.

Le 23 au matin nous repartîmes de Servoz par un brouillard épais qui se dissipa insensiblement : nous passâmes l'Arve sur un pont de bois et nous gravîmes ensuite l'âpre chemin des Montées. Parmi les plantes qui croissent sur les rochers voisins, nous en remarquâmes une que nous avions pris plaisir à observer la veille en montant au Buet, c'est le Rhododendron, arbrisseau charmant, dont les rameaux toujours verds et couronnés de fleurs purpurines exhalent un doux parfum.

Au sortir de ce sauvage défilé, nous entrâmes dans la vallée de Chamouny : les voyageurs se sont épuisés à décrire cette petite contrée qui présente la réunion des phénomènes les plus curieux et des plus singuliers contrastes : les uns conduits par un esprit avide de recherches et d'observations en ont fait des tableaux savants; d'autres se débarassant des entraves de la science et donnant l'essor à leur imagination, l'ont peinte avec la chaleur de l'enthousiasme, et tous sont restés au-dessous de leur modèle : c'est que la nature, en imprimant à ses productions l'auguste caractère de sa grandeur, a circonscrit dans des bornes étroites les ressources et les facultés de l'homme ; à chaque pas elle frappe, elle étonne, elle éblouit ses regards, sans qu'il puisse bien souvent lui rendre d'autre hommage que celui d'une muette et stérile admiration : tel est le sentiment que fait naître la vallée de Chamouny : j'essaierai toutefois d'en tracer une légère esquisse.

La vallée de Chamouny a cinq lieues de long sur une demie dans sa moyenne largeur; le fond en est couvert de pâturages, au milieu desquels le chemin serpente entre des palissades : l'Arve la parcourt d'une extrémité à l'autre ; de hautes montagnes l'enferment de toutes parts, excepté du côté du couchant. Les glaciers qui l'ont rendue si fameuse se découvrent successivement : on voit d'abord celui de Taconay, le moindre de tous ; à quelque distance, celui des Buissons descend des hauteurs du Mont-Blanc jusqu'auprès des moissons ; dans le lointain celui des Bois s'avance en se recourbant contre la vallée. Ces glaciers majestueux, les sombres forêts de sapins et de mélèzes qui les bordent, les rocs de granit taillés en grands obélisques qui les couronnent, les nombreuses cimes de montagnes que l'œil a peine à suivre dans les airs et au-dessus desquelles le Mont-Blanc élève sa tête royale, forment un des plus beaux spectacles qu'on puisse imaginer.

Nous logeâmes au chef-lieu de la vallée, nommé le Prieuré : le sol de ce village, bâti au bord de l'Arve sur la pente d'une colline composée des débris entassés du mont Breven, a déjà cinq cent vingt huit toises au-dessus de la Méditerranée : bientôt nous fûmes entourés de guides qui vinrent nous offrir le secours de leur expérience. Plusieurs d'entre eux se sont illustrés par une heureuse audace et portent, comme d'anciens capitaines romains, des surnoms qui attestent leur gloire : parmi ces héros des montagnes, on compte Balmat *Mont-Blanc*, Cachat le *Géant*, et beaucoup d'autres qui, sans avoir autant de célébrité, ne sont pas moins recommandables par leur courage et par leur prudence. Cachat le *Géant* fut celui que nous choisîmes.

Une pluie continue nous retint dans l'inaction pendant quelques jours : dès que le temps nous permit de sortir nous allâmes visiter le glacier des Buissons, éloigné d'environ une lieue et demie du Prieuré et situé de l'autre côté de la vallée : on s'y rend d'ordinaire par un joli sentier qui se prolonge à travers des bois et des prés ; mais le pont sur l'Arve étant rompu, nous fûmes obligés de suivre le cours de ce torrent que nous passâmes un peu plus loin : le glacier se présenta alors en face de nous. Entre de noirs sapins qu'elles dominoient, nous aperçûmes ses innombrables pyramides d'une blancheur éclatante ; lorsque nous eûmes atteint l'endroit où il repose sur un plan presque horizontal, nous escaladâmes le rempart (1) de terre et de débris de rochers qui nous en séparoit.... Quelle scène enchanteresse ! Figurez-vous les rayons du soleil rompus, décomposés par mille prismes étincelants, et toutes les cou-

---

(1) Ce rempart, dans le langage du pays, s'appelle *Moraine.*

leurs de l'arc-en-ciel réfléchies en tous sens et mulipliées à l'infini : voilà comme s'offrit à nos regards le glacier des Buissons.

L'excursion du Montanvert que nous fîmes le lendemain n'est pas moins intéressante.

On donne le nom de Montanvert à un pâturage élevé de neuf cent cinquante-quatre toises et proche du glacier des Bois. La route qui y conduit coupe d'abord la vallée en sens oblique, puis monte à travers un bois de sapins et de mélèzes : trois profondes ravines qui servent de *couloirs* à des avalanches de neige ou de pierres, la traversent. Les guides recommandent dans ces endroits un silence absolu, de peur que le son de la voix en causant un ébranlement dans l'air, ne détache quelques débris dont la chute seroit funeste. A moitié chemin on trouve la fontaine de Cayet, qui verse en tout temps une eau fraîche et limpide : les voyageurs fatigués ont coutume de s'arrêter sous les arbres qui l'ombragent ; au-delà la pente devient plus roide et l'on est obligé de renvoyer les mulets. Deux heures et demie après notre départ du Prieuré, nous arrivâmes au sommet du Montanvert, sur lequel un Anglais nommé Blair a fait construire une petite rotonde en bois : la vallée de Chamouny avec ses belles cultures et ses riantes prairies venoit de disparoître ; une autre non moins étendue, bordée de hautes aiguilles de granit se déployoit devant nous, et c'étoit une vallée de glace. Nous franchîmes la *Moraine*, et armés de nos bâtons ferrés nous avançâmes avec intrépidité : je ne puis donner une idée plus sensible du spectacle qui frappoit nos yeux, qu'en le comparant à une mer furieuse dont les flots saisis d'un froid violent seroient tout à coup devenus solides. Qu'on se représente les uns applanis et horizontaux, les autres à demi-soulevés, ceux-ci entassés en montagnes, ceux-là ouverts et laissant entr'eux d'épouvantables précipices; tantôt nous entendions bruire au fond de ces gouffres une eau invisible; tantôt nous voyions de clairs ruisseaux se précipiter en cascade dans des cavités d'un magnifique azur. Nous nous éloignâmes à un quart de lieue de la *Moraine*: comment peindre les sensations de l'homme engagé dans cette affreuse solitude ? comment exprimer la terreur qui remplit son âme lorsqu'il se voit réduit à sa propre foiblesse et séparé de la nature animée ? Je me hâtai de regagner le bord. Avec quel plaisir je sentis la terre sous mes pieds ! quelle ivresse j'éprouvai en retrouvant la verdure, les fleurs et les arbres! l'univers sortoit pour moi du chaos, je me croyois transporté à la grande époque de la création.

Nous descendîmes par le rapide sentier de la Felia à la source de l'Arveyron : au bas du glacier des Bois se forme tous les hivers, et s'écroule tous les étés, avec l'éclat du tonnerre, une superbe voûte de glace : du sein de cet antre qui rappelle à l'imagination les grottes enchantées de la féerie, l'Arveyron s'élance en écumant et court se joindre à l'Arve.

Avant de retourner au Prieuré, nous passâmes au hameau des Bois pour y voir un phénomène extrêmement rare en Europe. Ce sont deux *Albinos* : ils sont frères, d'un âge très rapproché, et peuvent avoir une quarantaine d'années. La physionomie de l'aîné est lourde et insignifiante; celle du cadet ne manque ni de vivacité ni d'expression. Tous deux paroissent bien constitués ; ils ont l'iris des yeux rouge, les cheveux, la barbe, les cils et les sourcils blancs. La lumière du jour leur cause un clignotement continuel. Leur infirmité n'est pas héréditaire; car ils sont nés d'un père et d'une mère qui avoient la peau brune et les yeux noirs; et l'un d'eux, marié à une assez jolie femme, a un enfant qui ne lui ressemble pas. L'origine de cette bizarrerie de la nature a échappé jusqu'ici aux recherches des physiologistes.

Je regretterois de quitter la vallée de Chamouny sans donner quelques détails sur le peuple intéressant qui l'habite ; mais comme j'y ai séjourné trop peu de temps pour l'étudier à fond, j'emprunterai à M. de Saussure les renseignements que je n'ai pu acquérir par moi-même.

Il n'y a guères qu'un demi-siècle qu'on regardoit cette vallée comme le repaire d'une horde de brigands que le ciel y avoit relégués pour leurs crimes. En 1741, le célèbre Pococke, accompagné d'un de ses amis, osa le premier y pénétrer, et prit pour sa défense les mêmes précautions que s'il eût abordé dans une terre ennemie. Le succès de son apparente témérité engagea d'autres savants à marcher sur ses traces. L'expérience détruisit peu à peu un préjugé absurde, et la mode, autant que la curiosité, attire maintenant à Chamouny des voyageurs de toutes les nations.

Il s'en faut que les habitants ressemblent au portrait qu'une aveugle ignorance s'étoit fait d'eux. Ils sont honnêtes, fidèles, religieux : leur esprit est vif, pénétrant, un peu enclin à la raillerie ; ils saisissent avec promptitude les ridicules des étrangers, et excellent à les imiter. Un grand nombre d'entr'eux se consacre au métier de guide, et le remplit avec un courage et une intelligence au-dessus de tous éloges. Quelques-uns passent en Tarentaise ou dans le Val d'Aost, pendant la belle saison, pour y fabriquer des fromages ; d'autres, tourmentés d'une humeur errante, ou séduits par l'appât du gain, quittent leur patrie, et vont s'établir dans les pays lointains. Plusieurs se livrent à la recherche du cristal, à la chasse des chamois et des marmottes, courses périlleuses qui leur coûtent souvent la vie.

Telles sont les occupations des hommes : les femmes restent chargées en grande partie des soins du ménage et des travaux de la campagne ; ce sont elles qui fauchent les prés, qui coupent le bois et battent le bled.

On cultive dans la vallée de Chamouny le lin, l'orge, l'avoine, les fèves et les pommes de terre ; le bled ne croît que dans la plaine et en petite quantité. Toutes les semailles se font au printemps. Chaque propriétaire divise son terrain en deux portions égales, dont il change l'emploi tous les six ans : il en met une en culture, et l'autre en pré. On conçoit la nécessité d'un pareil partage dans un pays dont les bestiaux sont la première richesse.

La longueur de l'hiver et la fréquence des gelées blanches en été, empêchent la plupart des arbres d'y réussir : on ne voit, dans la classe des arbres fruitiers, que des espèces sauvages qu'on ne peut améliorer par l'opération de la greffe.

Les abeilles de Chamouny donnent un miel renommé; mais leur éducation exige beaucoup de soin. La rigueur du froid n'est pas le seul inconvénient dont il faille les garantir; souvent trompées par les apparences du retour de la belle saison, elles prennent l'essor, et ne sachant où se poser, s'abattent sur la neige et y périssent. Le seul moyen de les préserver de ce funeste accident, c'est de porter les ruches dans la plaine, et de les y laisser jusqu'à ce que la vallée soit entièrement découverte.

Les vaches passent l'été dans la montagne. Huit jours après qu'elles y sont montées, tous les propriétaires s'y rendent ensemble; chacun d'eux trait les siennes et en pèse le lait. On réitère cette opération le 15 ou le 16 d'août, et l'on fait alors à chaque vache sa part de beurre, de fromage et de serac, suivant la quantité de lait qu'elle a donnée pendant ces deux jours.

Il n'y a ni hôpitaux ni fondations pour les pauvres à Chamouny ; mais la charité publique y supplée. Les orphelins, les vieillards indigents sont entretenus tour à tour aux frais de chaque habitant, en raison de ses facultés : quand quelqu'un est hors d'état de cultiver son champ et d'en payer les façons ses voisins le labourent pour lui.

Il ne manque à ces hommes si dignes d'être heureux par la bonté naturelle de leur caractère et de leurs mœurs, que l'établissement de quelques fabriques pour les occuper pendant l'hiver, et les défendre contre les vices qu'engendre parmi eux l'oisiveté, comme le goût du vin et la passion du jeu. Depuis que leur pays est devenu un but de voyage pour toute l'Europe, la population y a fait des progrès considérables ; mais les moyens de subsistance se sont accrus dans la même proportion. On a défriché des bois, étendu la culture des grains et des pommes de terre ; les routes améliorées facilitent le commerce du beurre, des fromages, du miel et du bétail ; enfin, parmi les branches de revenu annuel, il ne faut pas en oublier une qui, quoique variable dans son produit, est toujours certaine, la curiosité des étrangers.

COL DE BALME. — VALLÉE DE TRIENT. — MARTIGNY. — LE VALAIS.

Le 28, nous quittâmes la vallée de Chamouny dans le dessein de passer le col de Balme, qui la termine au nord-est, et qui a près de douze cents toises d'élévation. Quand nous fûmes à une certaine hauteur, nous nous retournâmes pour jeter un dernier regard sur la contrée que nous venions de parcourir; aucun nuage ne nous déroboit la vue des différents pics qui la décorent, et dont quelques-uns, comme les aiguilles du midi et du goûter, servent, pour ainsi dire, d'horloge aux habitants.

Deux heures après notre départ, nous aperçûmes sur notre droite le beau glacier d'Argentière qui se prolonge en zig-zag, et une lieue plus loin, celui du Tour avec ses pyramides éblouissantes de blancheur, qui semblent sortir du sein des prairies. Le village dont ce dernier tire son nom, situé dans une enceinte circulaire de montagnes, est le plus élevé de la vallée de Chamouny : les hivers y sont extrêmement rigoureux, et la neige poussée par le vent, s'amoncèle quelquefois autour des maisons jusqu'à douze pieds de haut.

L'Arve, que nous avions vue naguères rouler avec tant d'impétuosité son onde bourbeuse et dévastatrice, n'étoit plus qu'un limpide ruisseau qui fuyoit à travers le gazon et les fleurs. Tel souvent l'enfant, si aimable par sa candeur et son innocence, se corrompt en avançant dans la carrière de la vie : triste jouet des passions qui l'agitent et le dégradent, il devient le désespoir de ceux qui en attendoient le bonheur.

Nous ne mîmes pas moins de quatre heures

à gravir le dos immense du col de Balme. Il est tapissé de verdure dans toute son étendue. Vers la partie supérieure, on a planté des jallons de distance en distance, pour indiquer au voyageur, dans la saison des neiges, la direction qu'il doit suivre.

Nous en descendîmes par une pente escarpée dans la vallée de Trient. Rien de plus sauvage que cette gorge : séparée du monde entier par des montagnes hérissées de glaces ou de noires forêts, on n'aperçoit aucune issue pour en sortir. A l'extrémité méridiole, s'alonge un glacier d'où s'échappe un torrent qui l'arrose; çà et là sont éparses quelques misérables cabanes en bois, entourées de prairies pour les bestiaux, et de petites pièces d'orge, d'avoine et de pommes de terre pour les hommes. Nous y fîmes un dîner vraiment champêtre ; il n'étoit composé que de beurre, de miel et de fraises.

Ce léger repas nous donna la force nécessaire pour franchir un autre col nommé la Forclaz, élevé d'environ huit cents toises : la montée quoique roide en est facile, et la descente au contraire fort pénible ; de grosses pierres rondes recouvrent le chemin et roulent sans cesse sous les pieds. Nous passâmes devant plusieurs hameaux où nous vîmes des bâtiments d'une singulière espèce, auxquels les gens du pays donnent le nom de *recas*. Ils sont construits d'épais madriers de bois de mélèze, et appuyés à deux ou trois pieds au-dessus du sol sur des poteaux couronnés de grandes dalles circulaires : on y renferme les productions de la terre, et cette ingénieuse structure a pour objet de les préserver du ravage des rats.

La vue, assez bornée jusqu'à la moitié de la descente, plonge alors sur toute la longueur du Valais dessinée par le cours tortueux du Rhône. Déjà le hêtre et le chêne avoient succédé aux sapins et aux mélèzes, et bientôt les arbres fruitiers nous annoncèrent le voisinage de la plaine.

Martigny est placé au bas de la montagne, dans un petit vallon qu'arrose la Drance : les savants le regardent comme l'ancien *octodurus*, cité des Véragres, où le lieutenant de César, Sergius Galba, se fiant à la paix qu'il avoit accordée à ces barbares, pensa succomber sous leur attaque (1) imprévue. Il se divise en bourg et ville ; une allée de noyers conduit de l'un à l'autre. Martigny est un passage très fréquenté, et l'entrepôt des marchandises qui s'expédient soit pour le Valais, soit pour l'Italie par le grand Saint-Bernard : les environs produisent des vins estimés, tels que ceux de la Marque et de Coquempin. On voit auprès les ruines d'un vieux château, nommé la Bathia, qui servoit

---

(1) Voyez, dans les Commentaires de César, liv. 3, la description de ce combat sanglant.

de demeure aux évêques avant qu'ils eussent transféré leur siège à Sion.

Nous avions une lettre de recommandation pour le prieur, M. Murrith, chanoine régulier du St.-Bernard : cet ecclésiastique, qui osa dans sa jeunesse escalader le mont Vélan élevé de dix-sept cent trente toises, a partagé sa vie entre les fonctions de son état et l'étude de la nature : il voulut bien nous communiquer le fruit de ses laborieuses recherches. Son cabinet renferme une riche collection de plantes et de minéraux, et un petit nombre de médailles romaines et carthaginoises. M. Murrith est persuadé qu'Annibal passa en Italie par le grand Saint-Bernard ; il fonde cette opinion sur des faits et sur des raisonnements que je ne rapporterai point, l'intention de l'auteur étant de les publier lui-même.

Le Valais borné par la Suisse, l'Italie et la Savoie, s'étend de l'est à l'ouest dans une longueur d'environ quarante lieues : il est enfermé entre deux chaînes de montagnes peu éloignées, et traversé par le Rhône qui prend sa source au pied des Fourches et va se jeter au-delà de Saint-Maurice dans le lac de Genève : on le divise en haut et bas, dont la limite naturelle est le ruisseau de Morges, qui passe au-dessous de Sion ; il contient à peu près cent mille habitants qui professent tous la religion catholique. On y observe une grande variété dans la température et par conséquent dans les productions : tandis que les sommets des montagnes sont couverts de neiges éternelles, et leurs flancs de forêts, de pâturages, de champs d'orge, d'avoine et de légumes tardifs ; dans plusieurs parties de la vallée, les raisins, les figues et les grenades murissent à côté du froment. Malgré cette diversité de récoltes, le Valais n'est pas un pays riche ; la nature en le resserrant entre deux hautes chaînes a laissé peu de place à l'agriculture, et le fleuve qui devroit en fertiliser le sol, le rend en beaucoup d'endroits inculte et malsain par ses inondations. Pour réparer ces désavantages, il faudroit beaucoup de travail, beaucoup d'industrie, et les Valaisans ne sont pas moins connus par leur nonchalance que par leur malpropreté.

Ce seroit ici le lieu de parler des goîtres et du crétinisme, infirmités si communes dans le Valais: plusieurs écrivains en ont tracé de hideuses peintures, sans qu'on puisse les accuser d'exagération: ils les attribuent au défaut de propreté, à la mauvaise qualité des eaux, à la chaleur et à la stagnation de l'air: les raisons dont ils appuient leur opinion sont moins des preuves convaincantes que des conjectures spécieuses. Mais au lieu de m'égarer dans une épineuse dissertation sur ce triste sujet, je vais jeter un coup d'œil sur l'état ancien et actuel du Valais.

L'origine des Valaisans comme celle de toutes les nations se perd dans la nuit des siècles : les Véragres et les Sédunes, leurs ancêtres, n'ont laissé aucun monument de leur existence. Soumis d'abord par les Romains, ils le furent ensuite par les Bourguignons, un de ces peuples guerriers qui vinrent du nord inonder le midi de l'Europe et fonder de nouveaux empires sur les ruines de la puissance romaine : au joug des Bourguignons succéda celui de Charlemagne. Les descendants de cet illustre conquérant ne surent pas conserver son immense héritage ; leur oisiveté, leur ignorance, leur foiblesse encouragèrent l'audace, favorisèrent l'ambition des grands, et des débris d'une seule monarchie on vit se former cent petits états indépendants : ce fut dans ce temps de désordre et de confusion que l'évêque de Sion devînt maître de la plus grande partie du Valais ; il transmit à ses successeurs l'autorité suprême qu'il avoit usurpée. L'abus qu'ils en firent la rendit odieuse, et le haut et le bas Valais s'unirent pour la restreindre; mais à peine le succès eût-il couronné leur entreprise, qu'il s'éleva entr'eux un différend au sujet de la supériorité : on prit les armes, le bas Valais fut vaincu, et depuis la fin du quinzième siècle jusqu'à nos jours il demeura sujet du haut Valais : les armes françaises ont effacé cette distinction humiliante ; le vainqueur et le vaincu sont replacés sous le niveau de l'égalité.

Sion est le chef-lieu d'une nouvelle république, dont le territoire se partage en douze dixains ou arrondissements : ses législateurs, pour assurer la liberté politique et civile en même temps que l'ordre et la tranquillité, ont établi comme ailleurs, et peut-être avec plus de succès, d'utiles barrières entre les différentes autorités.

Le pouvoir législatif appartient à une diète

générale, composée des représentants de chaque dixain et qui s'assemble deux fois l'année pendant quinze jours.

L'évêque de Sion est dépouillé de ses titres de prince du saint empire, de préfet et comte du Valais, du droit de faire grâce aux criminels; la monnoie ne se frappe plus à son coin; mais par un privilège unique, il a séance et voix délibérative à la diète.

L'exécution des lois et l'administration publique sont confiées aux soins d'un grand bailli et de deux conseillers d'état nommés par la diète: ils restent trois ans en place et sont renouvelés par tiers chaque année.

Dans l'ordre judiciaire on distingue trois degrés de juridiction: il y a pour chaque commune un juge de première instance, sous le nom de châtelain; pour chaque arrondissement un grand châtelain avec six assesseurs; et pour toute la république un tribunal d'appel qui juge en dernier ressort les causes civiles et criminelles.

Telle est la constitution du Valais : je me suis contenté d'en donner une légère idée, non que je la croye mauvaise, mais parce qu'elle est récente. Pour acquérir ce caractère qui excite à la fois le respect des nationaux et la curiosité des étrangers, il faut qu'elle subisse une grande épreuve, celle du temps.

HOSPICE DU GRAND SAINT-BERNARD.

Nous retrouvâmes à Martigny un Avignonois que nous avions rencontré à Genève : c'étoit un ancien militaire ; il avoit de l'originalité, de l'enjoûment, l'humeur vagabonde : ces qualités n'étoient pas de nature à nous déplaire. Nous arrêtâmes ensemble le projet d'une excursion bien supérieure pour l'intérêt à toutes celles que nous avions faites jusques-là dans le Valais (1).

L'hospice du grand Saint-Bernard en étoit le but. Au lever du soleil, nous nous mîmes

---

(1) Je ne décris point ces premières excursions, parce qu'elles font naturellement partie d'un autre voyage que je me propose de donner au public, s'il accueille celui-ci avec bienveillance.

en route en côtoyant la Drance, qui roule et bondit avec fracas dans un étroit défilé. D'antiques sapins bordent son cours; quelques-uns, minés par les siècles et menacés d'une chute prochaine, inclinent tristement sur ses eaux blanchissantes d'écume, leur tête noire et pyramidale.

A Saint-Branchier nous sortîmes de cette gorge, et nous entrâmes dans la vallée d'Orsières. Là, changeant tout à coup, la scène devient aussi riante qu'elle étoit sombre; les montagnes s'évasent, elles quittent ces formes sévères qui les caractérisoient, se couvrent de cabanes, de pâturages, de champs bien cultivés, et leurs pentes adoucies viennent se confondre avec la vallée au fond de laquelle coule la Drance à travers des bosquets et des prairies. Ces contrastes, ces passages d'une sensation pénible à une sensation agréable sont une des plus vives jouissances qu'on éprouve dans les Alpes.

A une lieue de Saint-Branchier, on trouve le village de Liddes; la vallée se rétrécit, et le paysage reprend une teinte rembrunie. Nous remarquâmes au hameau d'Alève de grands *étendoirs* en bois suspendus à toutes les maisons. Les habitants s'en servent pour faire sécher leurs récoltes de fèves, et suppléent ainsi à la maturité qu'elles ne pourroient acquérir sur le sol.

Nous dînâmes au bourg de Saint-Pierre, encore éloigné de trois lieues de l'hospice. Les environs en sont extrêmement austères, et les approches du séjour de la stérilité commencent à se faire sentir. A quelque distance du bourg, nous traversâmes une forêt de mélèzes. Au-delà le chemin passe sur d'arides rochers, et l'on découvre devant soi la cime du mont Vélan, défendue par son glacier.

Bientôt après nous arrivâmes dans une plage immense, désolée, dont le silence n'est troublé que par le mugissement des torrents et par le bruit des avalanches : arbres, prairies, cultures, habitations, tout a disparu ; plus de mouvement, plus de végétation; la terre ensevelie dans un profond sommeil, ne donne plus aucun signe de vie. Pour redoubler l'horreur de cette solitude, le soleil s'éclipsa, des nuages obscurs s'amoncelèrent sur nos têtes, au vent du midi succéda le vent du nord; le thermomètre descendit de 20° au-dessus de la glace, à 3° au-dessous : en quelques heures, nous avions passé des feux de la canicule aux rigueurs de l'hiver.

Près du chemin sont deux petits bâtiments voûtés. La curiosité me fit approcher du premier, et je reculai en frémissant;.... c'étoit un charnier ! On y transporte les corps des malheureux qui expirent engourdis par le froid, ou enveloppés dans des tourbillons de neige, et on les y laisse revêtus de leurs habits, afin qu'ils puissent être plus facilement reconnus. L'autre bâtiment offre un abri aux voyageurs égarés, ou surpris par l'orage. Les religieux de l'hospice ont soin d'y faire porter de temps en temps une petite provision de pain, de vin et de fromage.

Nous continuâmes à nous élever pendant une heure par des sentiers escarpés, sans rien apercevoir autour de nous que des rocs nus, sillonnés de longues bandes de neige; un épais brouillard venoit de couvrir le sommet de la montagne; à ce contre-temps se joignit une pluie violente; le jour baissoit de moment en moment, et nous ne voyions plus qu'à peine à nous conduire. C'est alors, c'est dans cette position critique que l'homme, ailleurs si vain, si présomptueux, sent vivement le néant de son être et l'impuissance de ses forces. Abattu, consterné, il se croit parvenu au terme de sa vie comme aux bornes du monde, et le désespoir est prêt à s'emparer de son âme...... Rassurez-vous, voyageur effrayé ; homme foible et tremblant, reprenez courage : ici la nature vous abandonne, mais ici la religion vous tend une main protectrice.

Au milieu d'une gorge étroite, l'hospice du Saint-Bernard se montre aux passagers comme un port dans la tempête. Nous y fûmes accueillis par les religieux avec une extrême bonté : les uns s'empressèrent d'allumer du feu dans la chambre qui nous étoit destinée ; les autres nous apportèrent des habits à changer. A voir le zèle actif, le tendre intérêt avec lesquels ils s'occupoient de nous, on eût dit que nous étions leurs parents, leurs amis de l'enfance. Nous n'avions pas besoin de ces titres aux yeux des ministres d'une religion qui regarde tous les hommes comme des frères.

Nous soupâmes au réfectoire ; c'étoit un jour maigre : nous ne fîmes pas une chère délicate, mais l'exercice avoit aiguisé notre appétit, et les mets les plus simples nous parurent excellents. Il siéroit mal d'ailleurs de montrer un goût difficile dans un lieu si dénué de ressources pour le satisfaire. Tous les vivres se tirent du fond des vallées voisines. Au commencement de l'automne, on tue un certain nombre de bœufs, de vaches et de moutons qu'on sale pour l'hiver; et le bois à brûler, dont la consommation est immense, se transporte à dos de mulet par des sentiers qui ne sont guères praticables que pendant six semaines de l'année.

L'hospice, bâti dans un défilé bordé de rochers, sur la limite du Valais et du Piémont, est élevé de douze cent cinquante-sept toises au-dessus du niveau de la mer. On ne connoît point d'autre habitation à une pareille hauteur. L'hiver y dure neuf mois; souvent même il gèle au cœur de l'été : les vents resserrés dans ce passage, y soufflent presque sans interruption, et leur violence est telle, que quelquefois ils soulèvent la neige et en obscurcissent l'atmosphère : rarement on y jouit d'un ciel serein; de sombres nuages enveloppent d'ordinaire la montagne, et ne permettent d'apercevoir le couvent qu'à quelques pas de distance.

Malgré l'épaisseur des ténèbres que la renaissance du jour n'avoit pu dissiper, nous parcourûmes le lendemain les bords d'un lac qui remplit une partie de la gorge. Sa profondeur et les neiges qui l'environnent, donnent à ses eaux une couleur noire. A l'abri des rochers voisins, sur des espèces de terrasses, les religieux ont établi de petits jardins, tristes jardins qui produisent à peine au mois d'août quelques chétifs légumes.

Nous voulûmes visiter aussi la dernière demeure des habitants de l'hospice et des voyageurs qui y terminent leurs jours : c'est un bâtiment quarré, où les corps recouverts de linceuls sont rangés les uns à côté des autres. Ce mode de sépulture est horrible; il répugne à l'imagination; il fait frémir la nature : mais les lieux n'en permettent point d'autre; car ici la terre ingrate et maudite, non contente de priver l'homme des soutiens de la vie, refuse encore de lui ouvrir son sein lorsqu'il a cessé d'exister.

Il n'y a point de doute que les Romains n'eussent connoissance de la communication actuelle entre le Valais et l'Italie. Jupiter avoit un temple près de l'endroit qu'occupe aujourd'hui le monastère, et la montagne s'appeloit *Mons Jovis*, dont on fit par corruption mont Joux. Il paroît même, par le grand nombre d'*ex voto* trouvés dans les ruines du temple, que ce passage étoit alors très fréquenté, et qu'on le regardoit comme dangereux. Plusieurs médailles qu'on y a découvertes, portent pour inscription *Jovi Poeno*. Ce dernier mot a fait conjecturer à quelques savants que ce Jupiter étoit un dieu carthaginois, et qu'Annibal pénétra en Italie par le Saint-Bernard. Je ne chercherai point à concilier sur ce fait les différents auteurs anciens et modernes qui en ont écrit ; je me contenterai d'observer qu'on ne peut le rejeter comme impossible, depuis qu'on a vu, sous la conduite d'un nouvel Annibal, une armée entière, avec son artillerie, ses chevaux et ses bagages, affronter les hasards de cette audacieuse entreprise, et en sortir triomphante. Mais revenons à l'hospice.

Ce fut, dit-on, l'an 962, que St.-Bernard de Menthon, issu d'une famille noble de Savoie et archidiâcre d'Aost, détruisit sur la montagne le culte des faux dieux : il y fonda un hospice qu'il gouverna pendant quarante ans et mourut en 1008. Cette maison acquit bientôt une haute réputation et de grands biens dans diverses contrées de l'Europe ; elle perdit successivement les derniers par la négligence et par les aliénations des prévôts commandataires auxquels les papes en confièrent l'administration durant le quinzième et le seizième siècle. En 1752, elle fut dépouillée de toutes les possessions qui lui restoient en Savoie, à la suite d'un démêlé entre le roi de Sardaigne et la république du Valais, au sujet de la nomination du prévôt; elle ne conserve plus aujourd'hui que quelques fonds et quelques rentes en Valais et dans le canton de Berne, avec la permission de faire des quêtes dans l'intérieur de la Suisse.

Les religieux sont des chanoines réguliers de Saint-Augustin : le nombre n'en est point fixé. Il est ordinairement de vingt ou trente; dix ou douze seulement résident à l'hospice; les autres desservent des cures dépendantes de la communauté : le supérieur a le titre de prévôt; il porte la crosse et la mître, et reçoit ses bulles du pape, après avoir été élu par le chapitre : il passe à Martigny le temps le plus rigoureux de l'année, et un prieur claustral gouverne la maison en son absence. La règle qu'on y suit n'est pas très dure : les religieux se lèvent à cinq heures; leurs exercices de piété consistent dans la prière et la méditation ; ils assistent tous les jours à la messe et à vêpres ; ils disent leur bréviaire et s'occupent de leurs études dans une salle commune.

A ne les considérer que sous ce rapport, ce sont des hommes d'une vie édifiante et pure, des solitaires livrés dans le désert à la recherche de la sagesse et de la vérité, et placés sur une cime escarpée comme des êtres intermédiaires entre le ciel et la terre; mais combien va croître notre admiration, lorsque nous verrons l'activité de leur zèle, l'énergie de leur courage et ce commerce avec leurs semblables qu'une austère vertu leur avoit fait rompre, renoué par la plus aimable de toutes les vertus, l'amour du prochain. Suivons ces dignes religieux dans les détails de leur vie hospitalière, et nous aurons une idée des sacrifices que la religion inspire et qu'elle seule peut inspirer.

L'hospice du grand Saint-Bernard est ouvert à tous les voyageurs sans distinction d'âge, de sexe, de pays ni de religion : les religieux leur prodiguent tous les secours, toutes les consolations, et n'exigent aucune rétribution en récompense de leurs soins, en indemnité de leurs dépenses.

Pendant l'été, le passage de la montagne est toujours praticable et sûr; mais lorsque les neiges commencent à tomber, il devient très dangereux. La rigueur du froid, l'épaisseur des brouillards, les tourmentes subites excitées par les vents ne sont pas les seuls obstacles qu'on ait à craindre; à tout moment on court risque d'être englouti par les avalanches, ou précipité dans des abîmes.

On évalue à quinze ou vingt mille le nombre de personnes qui traversent chaque année le grand St.-Bernard; il est principalement fréquenté à l'époque des foires de la Lombardie et lorsqu'un des côtés des Alpes eprouve une disette.

Depuis le mois de novembre jusqu'au mois de mai, deux domestiques appelés *Maronniers* descendent tous les jours à une certaine distance, l'un vers le Valais, l'autre vers l'Italie. Ils se munissent de pain et de vin, et sont accompagnés de gros chiens dressés à reconnoître le chemin au milieu des neiges et à découvrir les traces des voyageurs égarés; quand les maronniers ne sont pas de retour à l'heure accoutumée, ou qu'un passager plus heureux que ses compagnons vient annoncer au couvent la nouvelle de leur détresse, les religieux armés de longs bâtons ferrés s'élancent aussitôt dans les neiges et volent à leur secours; ils les raniment, ils les soutiennent, leur frayent la route en marchant devant eux, et souvent les portent tour à tour sur leurs épaules.

Leur intelligence et leur courage se signalent surtout dans la recherche des voyageurs surpris par les avalanches. Si les victimes de ces cruels accidents ne sont pas ensevelies trop profondément, les chiens les découvrent à l'odorat; mais l'instinct de ces animaux ne pénètre pas très avant : les religieux y suppléent en sondant avec de grandes perches les endroits suspects. Lorsqu'ils jugent à la résistance qu'ils ont rencontré un corps humain, ils déblayent promptement la neige et quelquefois ils ont le bonheur de rendre à la vie des infortunés prêts à expirer; ils les ramènent en triomphe au couvent et les y gardent aussi long-temps qu'ils ont besoin de leurs soins.

Telle est la mission généreuse que remplissent ces hommes presque divins, ces anges tutélaires de la souffrance et du malheur :

on doit la regarder comme un bienfait signalé de la religion et en même temps comme un de ses prodiges. La philosophie et l'humanité n'en font point de pareils : tant de privations, tant de zèle et de dévoûment pour une récompense à venir sont au-dessus de leurs forces.

Nous redescendîmes du grand Saint-Bernard à Martigny, d'où nous commençâmes pour la seconde fois le voyage de Suisse. Avant d'en offrir la relation au public, j'ai voulu sonder son jugement par un premier essai : c'est une espèce d'enfant perdu que j'envoie à la découverte; son succès m'avertira s'il doit être ou non suivi d'un autre.

TABLE DES MATIÈRES.

Sens. Autun.	pag. 1
Châlons-sur-Saône. Mâcon. Arrivée à Lyon. Place de Bellecour.	7
Origine, situation et commerce de Lyon.	16
Pont Beauvoisin. Montée de la Chaille. Les Echelles. Passage de la Grotte. Chambéry.	40
La Source de la Boisse. Le Bout du Monde. Les Charmettes.	48
La Dent de Nivolet.	55
La grande Chartreuse.	60
Le Bourget.	66
Aix.	70
Annecy. Chartreuse de Pommier. Carouge. Rumilly.	73
Fort Barreaux. Grenoble. Merveilles du Dauphiné.	86
Saint-Marcellin. Romans. Valence. Navigation sur le Rhône. Pont Saint-Esprit. Avignon.	95
Le Pont du Gard.	111
Nîmes et ses antiquités. Les Arènes. La Maison quarrée. La Fontaine. Le Temple de Diane. La Tourmagne.	115
Lunel. Ville, commerce et faculté de Montpellier.	125
Ville et port de Cette.	136
Etang de Thau. Ville et port d'Agde. Ecluse ronde.	143
Canal de Languedoc. Béziers.	148

TABLE DES MATIÈRES.

Le Malpas. Capestang. Le Somail. *pag.*	155
Étang de Marseillette. Trèbes. Carcassonne. Castelnaudary.	162
Réservoir de Saint-Ferriol.	173
Naurouse. Canal de Brienne. Toulouse.	181
Beaucaire. Tarascon. Antiquités de Saint-Rémy. Lambesc. Aix.	208
Montagne de Sainte-Victoire.	219
Ville, port et lazareth de Marseille.	223
Vaux d'Ollioules. Port de Toulon. Galériens.	240
Hyères. Fréjus.	256
Cannes. Iles Sainte-Marguerite et Saint-Honorat. Antibes. Arrivée à Nice.	270
Nice. Cimiers. Abbaye de Saint-Pons. Grotte Saint-André. Villefranche.	283
Brignoles. Saint-Maximin. Salon. Plaine de la Crau, Arles. Ile de la Camargue.	294
Lille. Fontaine de Vaucluse.	316
Carpentras. Orange. Vienne. Lyon. Ile Sainte-Barbe.	322
Nantua. Perte du Rhône. Fort de l'Ecluse.	330
Genève.	336
Ferney.	373
La Bonneville. Cluse. Sallenche. Servoz. Mont Buet.	379
Vallée de Chamouny. Glacier des Buissons. Montanvert. Mer de glace. Source de l'Aveyron.	395
Col de Balme. Vallée de Trient. Martigny. Le Valais.	410
Hospice du grand Saint-Bernard.	420

FIN DE LA TABLE DES MATIÈRES.

ERRATA.

FAUTES ESSENTIELLES A CORRIGER.

Pag.   Lign.
17,   1,   nombreux quartiers, *lisez* quartiers entiers.
28,   2,   éconiquement, *lisez* économiquement.
44,   6,   Sabandiœ, lisez Sabaudiœ.
Id.,   9,   *a naturá.*, lisez *a naturá* sans point.
Id.,   15, *subternens*, lisez *substernens*.
58,   10, de Banges, *lisez* des Bauges.
62,   9,   pique, *lisez* pic.
134,   vers 18, d'un pas, *lisez* d'un pied.
160,   19, naissant, *lisez* récent.
196,   3,   décorés, *lisez* décoré.
203,   11, suivante la tradition, *lisez* suivant la tradition.
220,   6,   ne me permet pas, *lisez* ne permet pas.
Id.,   12, plus de nouveautés, *lisez* plus de nouveauté.
298,   18, nous en fîmes, *lisez* nous fîmes.
302,   6,   tendre, *lisez* tendresse.
351,   20, ou quand on, *lisez* ou qu'on.
361,   6,   naturel sur, *lisez* naturel pour.
390,   10, le temps calme, *lisez*

www.ingramcontent.com/pod-product-compliance
Lightning Source LLC
Chambersburg PA
CBHW071110230426
43666CB00009B/1908